내 영어에는
풍부함이
있다

내 영어에는 풍부함이 있다

초판 1쇄 발행 2019년 10월 18일

지은이 Daniel Lee(이의호)
펴낸이 장현수
펴낸곳 메이킹북스
출판등록 제 2019-000010호

디자인 안영인
편집 안영인
교정 김시온
마케팅 오현경

주소 서울특별시 금천구 가산디지털1로 142, 312호
전화 02-2135-5086
팩스 02-2135-5087
이메일 making_books@naver.com
홈페이지 www.makingbooks.co.kr

ISBN 979-11-968214-0-1(13740)
값 15,000원

ⓒ Daniel Lee(이의호) 2019 Printed in Korea

잘못된 책은 구입하신 곳에서 바꾸어 드립니다.
이 책의 전부 또는 일부 내용을 재사용하려면 사전에 저작권자와 펴낸곳의 동의를 받아야 합니다.

이 도서의 국립중앙도서관 출판예정도서목록(CIP)은 서지정보유통지원시스템
홈페이지(http://seoji.nl.go.kr)와 국가자료공동목록시스템(http://www.nl.go.kr/kolisnet)에서
이용하실 수 있습니다. (CIP제어번호 : CIP2019040393)

홈페이지 바로가기

《나는 세련된 영어가 좋다 시리즈》의 연장선

내 영어에는 풍부함이 있다

Daniel Lee(이의호) 지음

풍부한 '부사 표현'이 중급자에게
갓깔스러운 영어를 만들어 줄 것입니다.

 저자 블로그 콘텐츠 무료 제공

왕초보자들은 머리 아플 수 있으니
절대 보지 마세요!!!

잉글리언 메이킹북스

Paraphrasing의 기적!!!

CONTENTS

머리말 ··· 10

1. 영어는 영→한이 아닌 한→영으로 공부를 해야 한다 ··· 11
2. 혼잣말은 영어로 말할 수 있는 최고의 기회이다 ··· 12
3. 직접 경험을 적은 스피킹을 위한 글은 실전 회화에서 쉽게 사용된다 ··· 13

* 가나다순으로 진행됩니다.

ㄱ

24시간 내내: around the clock ··· 16
간접적으로: secondhand, indirectly ··· 17
강압적으로: with a high hand ··· 18
(아래위가) 거꾸로 (뒤집혀): upside down ··· 19
거두절미하고: let's cut to the chase ··· 20
계획대로: as planned ··· 21
곤란하게 하고 싶지 않지만: I don't want to put you on the spot, but S V ··· 22
곳곳에서: in every corner of 명사 ··· 23
구석구석: every nook and corner ··· 24
그거 하는 김에: while you're at it ··· 25
그렇기는 하지만, 그렇지만: even so ··· 26
그렇긴 해도: having said that ··· 27
글쎄 뭐랄까: How should I put it ··· 28
금방이라도: at any moment ··· 29
급속히: by leaps and bounds ··· 30
긍정적으로 보자면: on the bright side ··· 31
기분 나쁘게 들릴지 모르겠지만: This might offend you, but ··· 32
기분 나쁘라고 하는 말은 아닌데, 시비 걸자는 건 아닌데: no offence, but ··· 33
까놓고 말해서: to be fair ··· 34
깨닫고 보니, 어느 틈엔가: the next thing I knew ··· 35

ㄴ

나간 김에: while you're out	… 36
나도 모르는 사이에: before I knew it	… 37
나란히: alongside	… 38
내 경험을 비춰 보면: in the light of my experience	… 39
내 기억이 옳다면: If I'm not mistaken	… 40
내 생각에는: if you ask me	… 41
내 예상과 달리: unlike my expectation	… 42
내가 듣기로: from what I hear	… 43
내가 보기에는, 제 관점에서: from my point of view	… 44
내가 없는 동안에: while I'm away	… 45
내기에서: on a bet	… 46
내심 (1): deep down	… 47
내심 (2): inwardly	… 48
네가 없었다면 ~했었을 거야: if it weren't for you, I would V	… 49
너는 어떨지 모르지만: I don't know about you	… 50
너만큼: as much as you do(did)	… 51
너에 관한: when it comes to you	… 52
네가 어떻게 느낄지 모르겠지만: despite how you may feel	… 53
누가 그러던데: A little bird told me that S V	… 54

ㄷ

다시 생각해 보니: on second thought	… 55
단둘이: alone	… 56
(중독된 것을 갑자기 끊을 때) 단번에: cold turkey	… 57
단지 ~한 것뿐이야(이유를 대며): it's just that S V	… 58
당당히: with flying colors	… 59
~에 대하여: 명사 wise	… 60
더 이상 지체하지 않고: without further ado	… 61
도움이 될지 모르겠지만, 그냥 내 생각일 뿐이지만: for what it's worth	… 62
동일 선상에서: along the same lines	… 63
~ 되기 직전인: on the brink of N/ Ving	… 64
뒤이어, 뒤따라, 그 결과: in the wake of (SB/STH)	… 65
드디어: finally	… 66
듣자 하니: apparently	… 68
들리는 소문에(소문에 의하면): word on the street is that S V	… 69
딱히: per se	… 70
때가 되면: when the time comes	… 71
때가 지남에 따라, 시간이 지날수록, 세월이 흘러감에 따라: with the passage of time	… 72

ㅁ

마지못해: reluctantly … 73
마침 S가 V했어: it just happened that S V … 74
막판에: at the last minute … 75
(SB/STH) 말이 나온 김에 하는 말인데: speaking of (SB/STH) … 76
말하자면 이런 거지: let me put it this way … 77
망설임 없이: without hesitation … 78
맨땅에서: from scratch … 79
머리부터 발끝까지: from head to toe … 80
면에서는, ~에 있어서는: in terms of … 81
모든 상황을 고려해 볼 때: all things considered … 82
(SB) 몰래: without (SB) knowing … 83
무슨 수를 써서라도: at all costs … 84
무슨 일이 있어도: whatever it takes … 85
무의식적으로: unconsciously … 86

ㅂ

(굳이) 반론을 하자면: to play devil's advocate … 87
변명하자면: in my defense … 88
변함없이, 예외 없이: invariably … 89
부분적으로, 어느 정도의: partly … 90
분명히 말하는데: for the record … 91
분명히 말하는데(다른 예문): for the record … 92
분위기에: in the air … 93
분풀이로: out of spite … 94

ㅅ

상대적으로: relatively … 95
서면으로: in writing … 96
선착순으로: on a first come first served basis … 97
설마 ~하는 건 아니지?: Don't you tell me that S V? … 98
세상에서: 최상급(the most, 형용사est) + alive … 99
속속들이: through and through … 100
순서대로: in regular sequence … 101
순조롭게 (1): with ease … 102
순조롭게 (2): readily … 103
술기운에: Under the influence of liquor … 104
습관적으로: out of habit … 105
실례가 안 된다면, 폐가 안 된다면: if it's not too much trouble … 106

ㅇ

아까: earlier	··· 107
아무렇지도 않게: like it was nothing	··· 108
아주 가끔, 드물게: once in a blue moon	··· 110
알고 보니까: as it turns out	··· 111
앞뒤로: inside out	··· 112
앞으로 수년간: for years to come	··· 113
애석하게도: to SB's sorrow	··· 114
애정의 징표로서: as a token of my affection	··· 115
애초에: in the first place	··· 116
어느 정도는: to some degree	··· 117
어떤 의미에서는: in a sense	··· 118
어떻게 보면: in some way	··· 119
어쩌다 보니 그렇게 됐어: One thing led to another and S+V	··· 120
언제부터인가: at some point	··· 121
여러모로: in many ways	··· 122
옛날에: back in the days	··· 123
오늘부로: as of today	··· 124
오늘 중에: sometime during today	··· 125
왔다 갔다 하는: back and forth	··· 126
요즘 같은 시대에서: in this day and age	··· 127
우선, 먼저: for a start	··· 128
원칙적으로: in principle	··· 129
은근슬쩍: on the sly	··· 130
의외로: surprisingly	··· 131
이런 말 해서 미안한데: I hate to break it to you, but S V	··· 132
이론적으로: theoretically	··· 133
인가 뭔가: or whatnot	··· 134
일 년에 걸쳐: over the course of a year	··· 135
일방적으로: one-sidedly	··· 136
입가심으로: as a palate cleanser	··· 137

ㅈ

자나 깨나: whether I'm awake or asleep	··· 138
(내가) 자랑하려는 건 아닌데: I don't mean to show off but	··· 139
자발적으로: of SB's own free will	··· 140
자체만으로, 본질적으로: in itself	··· 141
작년 이맘때쯤: around this time last year	··· 142
전반적으로, 대체로: on the whole	··· 143

전해진 바에 의하면, 이른바: allegedly	⋯ 144
정 안되면: if you're in a pinch	⋯ 145
정각에: on the dot	⋯ 146
정기적으로: on a regular basis	⋯ 147
정확히(딱/꼭): to a T	⋯ 148
조금이라도: at all	⋯ 149
조만간, 머지않아: one of these days	⋯ 150
좋게: on a good note	⋯ 151
좋게 말해서: to put it nicely	⋯ 152
좋든 싫든: like it or not	⋯ 153
줄에 매고: on a leash	⋯ 154
지나고 나서 보니, 이제 와 생각해 보니: in hindsight	⋯ 155
지난 몇 년 동안: over the years	⋯ 156
직접적으로: directly, firsthand	⋯ 157
진심으로: from the bottom of SB's heart	⋯ 158
진행 중인: in the process of Ving	⋯ 159

ㅊ

차례차례로: one after another	⋯ 160
참고로: Just so you know	⋯ 161
처음부터 다시, 또다시: all over again	⋯ 162
처음으로: for the first time	⋯ 163

ㅍ

필요 이상으로, 쓰러질 때까지, 못 쓰게 되도록: into the ground	⋯ 164
필요하다면: if need be	⋯ 165

ㅎ

하고많은 사람 중에서: of all people	⋯ 166
하나부터 열까지, 처음부터 끝까지: from A to Z	⋯ 167
S가 V하는 건 아니지만: Not that S V, but	⋯ 168
~하지 않을까 하고: on the chance of Ving	⋯ 169
하필 이런 때에: at a time like this	⋯ 170
한겨울에: in the dead of winter	⋯ 171
한때는: once	⋯ 172
한마디로 말해서: to make a long story short	⋯ 173
한 번에 하나씩: one thing at a time	⋯ 174
한적한 곳에서: at/in/to the secluded place	⋯ 175

~할까 봐(두려워서): for fear of Ving 또는 N ··· 176
할 수만 있다면 ~할 텐데: if only I could V, I would ··· 177
~할 정도까지: to the extent that(where) S V ··· 178
(아니 다른 건 아니고) S가 V해서 그런 거야: It's just that S V ··· 179
헛되이, 허사로, 허사가 되어: in vain ··· 180
협력하여, 어깨를 서로 맞대고, 힘을 모아: shoulder to shoulder ··· 181

머리말

　3번째 책을 출판하면서, 영어 중급자들에게 맞는 콘텐츠가 뭐가 있을까 생각을 하다가, 내가 미국에서 공부했던 경험들이 떠오르게 되었다. 어느 정도 문장 구조와 단어들을 안다면, 그들을 갈급하게 만드는 것 중 하나가 '**부사구 표현**'이라는 생각이 들었다. 문장을 길게 만들 수 있을 뿐 아니라 세련되게 만들 수 있기 때문이다. 그래서 **《나는 세련된 영어가 좋다》** 시리즈의 완결 편으로 부사 표현들만을 모은 책을 출판하게 되었다. 초급에서 많이 배웠던 표현들, 예를 들어서, always, usually 이렇게 쉬운 표현들은 그들에겐 전혀 필요가 없어 배제했다. 중급자들에게 맞는 부사 표현들과 함께 정말 현지 영어에서 많이 쓰는 단어와 표현을 통해서 더더욱 세련된 영어를 구사하게 될 것이라 믿는다. 이 책에 있는 단어와 표현을 자유자재로 사용한다면, 미국인들에게도 인정을 받을 수 있을 것이다. **《나는 세련된 영어가 좋다1, 2》**와, 이 책이 나올 수 있게 도와준 많은 분들께 감사드린다.

1. 영어는 영→한이 아닌 한→영으로 공부를 해야 한다

"addiction"이라는 단어를 보면 분명 "중독"이라고 바로 말할 수 있겠지만 "중독"이 영어로 뭐냐고 물어보면 (어딕션)이라고 발음을 하고 "addiction"이라고 적을 수 있는 사람들은 많지는 않을 것입니다.

그렇습니다. 한 단어를 진정으로 안다는 것은 그 뜻만 기억하는 것이 아닌 한국어로 된 단어가 주어졌을 때, 1초 안에 영어 발음으로 나오는 것이겠지요?

예를 들어 "학교"라는 단어가 나올 때, "스쿨"이 나온다면 이 단어는 진정으로 아는 것입니다.

즉 우리는 한국 시험 식의 영어로 인해 한→영으로 공부를 해 본 적이 전혀 없습니다. 일단 우리는 한국식 사고방식으로 생활해 왔기 때문에, 영어를 말할 때는 <u>한국어를 영어로 바꾸는 과정이 필수</u>입니다.

즉 한국어를 영어로 바꿀 때 2초 안에 바꿀 수 있어야지 실제 회화에서 유창하게 말을 할 수 있지만, 우리는 이미 2초 이상으로 벗어나기 때문에 실제 회화에서 버벅거릴 수밖에 없는 것입니다. 단어와 단어의 연결이 바로 문장이기 때문에 단어는 당연히 1초 안에 나와야겠지요?

즉 영→한이 아닌 한→영으로 트레이닝을 하는 습관을 기르는 것이야말로 영어 스피킹을 향상시키는 지름길입니다.

2. 혼잣말은 영어로 말할 수 있는 최고의 기회이다

한국에서 영어로 말할 기회가 없는 것은 어쩔 수 없기 때문에 많은 사람들이 유학을 갑니다. 하지만 실제로 유학을 가더라도 한국 사람들이 워낙 많기 때문에, 영어로 말할 수 있는 기회가 거의 없습니다.

하지만 혼잣말은 다릅니다. 자기가 물어보고 자기가 대답할 수 있는 최고의 트레이닝 방법입니다.

외국에 오래 있어도 영어를 못하는 사람들이 있는 반면, 외국에 가지 않아도 영어를 유창하게 잘하시는 분들이 많습니다. 저 역시 외국에 10년 이상을 살았지만, 실제 대화하는 것보다 혼잣말로 말을 하는 시간이 4배 이상이었습니다. 즉 외국에 나가지 않고도 영어를 잘하는 분의 영어 공부 노하우는 바로 혼잣말로 영어 말하기의 기회를 극대화시킨 것입니다.

스피킹을 위한 라이링(스.피.라)은 자신의 여러 가지 상황을 통해서 혼잣말을 할 수 있도록 유도시키는 자극제와도 같은 것입니다.

3. 직접 경험을 적은 스피킹을 위한 글은 실전 회화에서 쉽게 사용된다

어느 누구도 영어가 언어라는 사실은 부인하지 않을 것입니다. 즉 우리가 사용하는 언어를 사용하는 것이야말로 진정 영어를 배우는 것이 됩니다.

예를 들어서 사자(lion)와 뻔뻔한(barefaced)이라는 단어가 있습니다. 이 두 단어 중에 어느 것이 일상회화에서 더 많이 쓰이게 될까요? 정답은 '뻔뻔한'입니다. 하지만 '뻔뻔한'을 영어로 무엇이지?라고 물을 때 그 '어느 누구'도, 대답을 한 학생은 아무도 없었습니다.

즉 자기 경험을 위한 단어와 문장으로 공부를 하여야 한다는 것입니다. 저 역시 영어공부를 회화책을 외우면서 공부를 했지만, 실제 상황에서 사용할 수 있는 확률은 거의 zero였습니다.

직접 경험을 적은 글로 그 이야기는 자기의 것이 되고 일반 회화책에서 공부했던 것보다 더 쉽게 사용될 거라고 자신 있게 말할 수 있습니다. 자신의 여러 가지 경험을 글을 통해서 그리고 상황에 맞는 단어와 표현을 통해서 영어의 유창함을 빨리 이끌 수 있을 거라 확신합니다.

내 영어에는 풍부함이 있다

가나다순으로 진행됩니다.

24시간 내내:
around the clock

▶ Revision

| Guideline for Revision |
| 표시 | Native Speaker가 거의 이해하기 힘든 안 좋은 표현
| 표시 | Native Speaker가 이해는 하지만 어색한 표현
| 표시 | 표현을 사용할 수는 있지만 더 좋은 표현 추천

▶ 24시간 내내 너한테 감시당하는 기분이야.
다른 사람은 몰라도 너는 안 그럴 줄 알았어.

✗ 어색한 문장 It feels like I'm being always watched. I didn't know that even you would do that.

! Native It feels like I'm being watched by you around the clock. I didn't know that even you would do that.

간접적으로: secondhand, indirectly

▶ **Revision**

| Guideline for Revision |

표시 Native Speaker가 거의 이해하기 힘든 안 좋은 표현
표시 Native Speaker가 이해는 하지만 어색한 표현
표시 표현을 사용할 수는 있지만 더 좋은 표현 추천

▶ 난 너의 책을 읽는 게 좋아. 새로운 세상을 간접적으로 경험할 수 있게 해 주거든. "뻔뻔하게 거짓말 좀 하지 마. 전에 내 친구들한테 내 책이 정말 별로라고 했었다며?"

> **어색한 문장** I like to read your books because it makes me experience new world indirect. "Don't tell a lie. You told my friends before that my book is not good."

> **Native** I like to read books because it makes me experience new world indirectly. "Don't tell a barefaced lie. You told my friends before that my book is not good."

뻔뻔한 거짓말: barefaced lie

> **참고** 철판 깔다: put on a thick skin
> ex) 철판 깔고 그냥 시치미 떼: put on a thick skin and play dumb
>
> (속는 셈 치고) 믿다: give SB the benefit of the doubt
> ex) 내 아들은 거짓말을 많이 하지만, 속는 셈 치고 믿었어. 더 이상 잔소리하기 싫거든
>   My son tells a lot of lies, but I gave him the benefit of the doubt. I don't want to nag at him anymore

강압적으로:
with a high hand

▶ Revision

| Guideline for Revision |

표시 Native Speaker가 거의 이해하기 힘든 안 좋은 표현
표시 Native Speaker가 이해는 하지만 어색한 표현
표시 표현을 사용할 수는 있지만 더 좋은 표현 추천

▶ 강압적으로 진희한테 무리한 요구를 하지 마. 걔는 이미 너의 생각을 훤히 꿰고 있어.

> **어색한 문장** Don't demand 진희 with force. She already knows everything about what you're thinking.

> **Native** Don't demand 진희 with a high hand. She's already on the ball about what you're thinking.

훤히 알다: be on the ball

(아래위가) 거꾸로 (뒤집혀): upside down

▶ **Revision**

| Guideline for Revision |

표시   Native Speaker가 거의 이해하기 힘든 안 좋은 표현
표시   Native Speaker가 이해는 하지만 어색한 표현
표시   표현을 사용할 수는 있지만 더 좋은 표현 추천

▶ 어? 그림이 거꾸로 뒤집힌 것 같아요. "오, 정말 눈썰미가 있네요."

어색한 문장 > Huh? The painting was reversed. "Wow, you're really quick in eyes."

Native > Huh? The painting looks upside down. "Wow, you really have sharp eyes."

눈썰미가 있다: have sharp eyes

거두절미하고: let's cut to the chase

▶ Revision

Guideline for Revision
- 표시 Native Speaker가 거의 이해하기 힘든 안 좋은 표현
- 표시 Native Speaker가 이해는 하지만 어색한 표현
- 표시 표현을 사용할 수는 있지만 더 좋은 표현 추천

▶ 거두절미하고, 우리 아버지 차를 웨딩 카로 이용하면 되겠네요.
 "들어 보니 굉장히 그럴듯하네요."

> ✗ 어색한 문장 > **Let's get to the point**. You can use my father's car as a wedding car. "**It sounds good**."

> 🔊 Native > Let's cut to the chase. You can use my father's car as a wedding car. "It's certainly plausible."

그럴듯하다: it's plausible (플라저블)

> 참고 (자신이 무엇을 정말 잘한다는 것을) 실제 행동으로 보여 주다:
> walk the walk
> 여담으로, 좀 더 가볍게 분위기를 바꿔서: on a lighter note
> ex) 분위기가 너무 싸하네. 여담으로 나 며칠 전에 여친 생겼어.
> It's full of tense atmosphere. On a lighter note, I got a girl friend a few days ago.

계획대로: as planned

▶ Revision

Guideline for Revision

표시 Native Speaker가 거의 이해하기 힘든 안 좋은 표현
표시 Native Speaker가 이해는 하지만 어색한 표현
표시 표현을 사용할 수는 있지만 더 좋은 표현 추천

▶ 연휴가 3일이나 되니까 너무 좋다. 계획대로 마블 시리즈 영화를 몰아서 봐야겠어.

> ✘ 어색한 문장 〉 3 holidays are awesome. I should watch allthe Marvel movies at once as I planned.

> ♪ Native 〉 3 straight days of holiday is awesome. I should binge watch all the Marvel movies as planned.

Binge(빈즈)는 '흥청망청 ~하다', '몰아서 ~하다'라는 뜻으로써 주로 동사를 뒤에 붙여 표현을 다양하게 쓸 수 있습니다.

🔍 **binge의 관한 표현들**

- 몰아서 보다, 정주행하다: binge watch
- 흥청망청 쇼핑하다: binge shop
- 폭식하다: binge eat
- 폭음하다: binge drink

곤란하게 하고 싶지 않지만:
I don't want to put you on the spot, but S V

▶ **Revision**

| Guideline for Revision |

표시 Native Speaker가 거의 이해하기 힘든 안 좋은 표현
표시 Native Speaker가 이해는 하지만 어색한 표현
표시 표현을 사용할 수는 있지만 더 좋은 표현 추천

▶ 널 곤란하게 하고 싶지 않지만, 명수 작품이 정말로 역대급이라, 이번엔 네가 양보를 해 줘야 될 것 같아. 다음엔 꼭 너에게 기회를 줄게.

✗ 어색한 문장 I don't want to make you feel uncomfortable, but 명수's work is really the best, so I think you should yield it to him. I'll give you a chance next time.

🔊 Native I don't want to put you on the spot, but 명수's work is really unbeatable, so I think you should yield it to him. I'll give you a chance next time.

역대급인: unbeatable

곳곳에서: in every corner of 명사

▶ **Revision**

Guideline for Revision

- 표시 Native Speaker가 거의 이해하기 힘든 안 좋은 표현
- 표시 Native Speaker가 이해는 하지만 어색한 표현
- 표시 표현을 사용할 수는 있지만 더 좋은 표현 추천

▶ 도시 곳곳에 금연 구역이 늘어나면서 길거리에 꽁초가 많이 사라졌습니다. 이제는 깨끗한 길거리 문화를 만들 수 있을 것 같습니다.

어색한 문장 ▷ The increasing number of no smoking zones everywhere in city led to cigarette to be gone off the street. Now we can create a clean street culture.

Native ▷ The increasing number of no smoking zones in every corner of the city led to cigarette butts to be gone off the street. Now we can create a clean street culture.

담배꽁초: cigarette butts

구석구석:
every nook and corner

▶ **Revision**

Guideline for Revision

표시 Native Speaker가 거의 이해하기 힘든 안 좋은 표현
표시 Native Speaker가 이해는 하지만 어색한 표현
표시 표현을 사용할 수는 있지만 더 좋은 표현 추천

▶ 회사가 수상해서 회사 문서들을 구석구석 뒤져 보았어. "내가 봐도 짜고 치는 고스톱 같긴 한데, 너 너무 과감한 행동한 거 아니니?"

어색한 문장 There's something suspicious about the company. I searched through the company documents everywhere. "Don't you think it was too much of a provocative action?"

Native There's something suspicious about the company. I searched through the company documents every nook and corner. "I guess it was a put-up job, but don't you think what you did was too much of a drastic action?"

과감한 행동: drastic action
미리 짜고 하는 일: put-up job

그거 하는 김에: while you're at it

▶ **Revision**

| Guideline for Revision |

표시 Native Speaker가 거의 이해하기 힘든 안 좋은 표현
표시 Native Speaker가 이해는 하지만 어색한 표현
표시 표현을 사용할 수는 있지만 더 좋은 표현 추천

▶ 그거 하는 김에 온라인 판매를 해 보는 게 어떠니? 취미로 양초도 만들고 밥벌이도 하는 거지.

> 어색한 문장 > **While you're doing it**, why don't you try selling online? You can make candles as a hobby and also **make your pocket money**.

> Native > While you're at it, why don't you try selling online? You can make candles as a hobby and also bring home the bacon.

밥벌이를 하다: bring home the bacon

그렇기는 하지만, 그렇지만: even so

▶ **Revision**

| Guideline for Revision |
표시 Native Speaker가 거의 이해하기 힘든 안 좋은 표현
표시 Native Speaker가 이해는 하지만 어색한 표현
표시 표현을 사용할 수는 있지만 더 좋은 표현 추천

▶ 눕자마자 바로 뻗어서 정말 숙면을 취했어요.
그렇지만 아직도 피곤해요. 비몽사몽이에요.

> **어색한 문장** As soon as I lied down, I passed out, so I really took a deep sleep. In spite of that, I'm still tired. I'm sleepy.

> **Native** As soon as I lied down, I passed out, so I really took a powernap. Even so, I'm still tired. I'm half asleep.

(주로 낮잠) 숙면을 취하다, 꿀잠을 자다: take a powernap
비몽사몽 하는, 잠이 덜 깬: half asleep

> **참고** 깜빡 졸다: nod off
> 눈을 붙이다: get some shut-eye

그렇긴 해도: having said that

▶ **Revision**

Guideline for Revision

표시 Native Speaker가 거의 이해하기 힘든 안 좋은 표현
표시 Native Speaker가 이해는 하지만 어색한 표현
표시 표현을 사용할 수는 있지만 더 좋은 표현 추천

▶ 남편이 나쁜 의도로 한 게 아닌 건 알아요. 그렇긴 해도 그는 또 반복할 거예요. 미안하다는 말뿐이에요.

어색한 문장 I know that my husband didn't do it on purpose. But, I think he'll do it over and over again. He doesn't need to apologize to me. He just talks without behaving.

Native I know that my husband didn't have any ill-intentions. Having said that, I think he'll do it over and over again. What's the use of apologizing to me? He just talks the talk.

나쁜 의도: ill-intentions
(행동 없이) 말만 번지르르하게 잘하다: talk the talk
V하면 무슨 소용이 있느냐?: What's the use of Ving?

참고 (자신이 무엇을 정말 잘한다는 것을) 실제 행동으로 보여 주다: walk the walk

글쎄 뭐랄까:
How should I put it

▶ Revision

| Guideline for Revision |

표시 Native Speaker가 거의 이해하기 힘든 안 좋은 표현
표시 Native Speaker가 이해는 하지만 어색한 표현
표시 표현을 사용할 수는 있지만 더 좋은 표현 추천

▶ 글쎄 뭐랄까. 너는 남을 많이 의식하는 것 같아. 매번 나갈 때마다 패션에 엄청 신경을 쓰잖아. "그래도 어머니한테 새 옷을 사 달라고 조른 적은 없거든요."

> 어색한 문장 | Well, I think you care a lot about people. You spend a lot of energy on your fashion every time you go out. "I've not nagged you to buy new clothes."

> Native | How should I put it, I think you're self conscious. You spend a lot of energy on your fashion every time you go out. "I've not twisted your arm to buy new clothes."

V해 달라고 SB에게 조르다: twist SB's arm to V
남 의식을 많이 하는, 시선을 의식하는: self-conscious

금방이라도: at any moment

▶ **Revision**

Guideline for Revision

표시 Native Speaker가 거의 이해하기 힘든 안 좋은 표현
표시 Native Speaker가 이해는 하지만 어색한 표현
표시 표현을 사용할 수는 있지만 더 좋은 표현 추천

▶ 지금 너의 표정은 금방이라도 울 것 같은데 무슨 일 있니?
  "오늘 애인이랑 헤어졌어."

> **어색한 문장** You look like you can start to cry soon. Did something happen to you? "I just broke up with my lover."

> **Native** You look like you can start to cry at any moment. Did something happen to you? "I just broke up with my significant other."

애인: significant other, bae(가장 소중한 사람)

> **참고** rebound boy(girl): 사귀던 사람과 헤어지고, 그 아픔을 잊기 위해 별생각 없이 만나는 '남자친구' 혹은 '여자친구'를 의미합니다.
> high school sweetheart: 고등학교 시절부터 지금까지 사귀고 있는 애인
> man's man: 상남자, 남자다운 남자

급속히:
by leaps and bounds

▶ **Revision**

| Guideline for Revision |

표시 Native Speaker가 거의 이해하기 힘든 안 좋은 표현
표시 Native Speaker가 이해는 하지만 어색한 표현
표시 표현을 사용할 수는 있지만 더 좋은 표현 추천

▶ 걔네 둘 사이가 급격히 나빠졌어. 서로에게 함부로 대하는 면이 예전부터 많이 보이더라.

> **✗ 어색한 문장** Their relationship went bad fastly. They treat each other in a rude way.

> **Native** Their relationship went bad by leaps and bounds. They've walked all over each other.

(SB)에게 함부로 대하다: walk all over (SB)

긍정적으로 보자면: on the bright side

▶ Revision

| Guideline for Revision |

표시 Native Speaker가 거의 이해하기 힘든 안 좋은 표현
표시 Native Speaker가 이해는 하지만 어색한 표현
표시 표현을 사용할 수는 있지만 더 좋은 표현 추천

▶ 이 사태의 진상을 규명하면, 왠지 피바람이 불 것 같은데, 넌 후폭풍이 두렵지 않아? "긍정적으로 보자면, 내 가족이 이번 사건에 엮이지 않았어."

어색한 문장> Once we get to know the case, there might be bloodwind. Aren't you afraid of a big fuss? "Thinking positively, my family was not in this case."

Native> Once we get to the bottom of the issue, there might be a bloodbath. Aren't you afraid of a huge blow? "On the bright side, my family was not entangled with this."

후폭풍: huge blow
피바람: bloodbath
(STH)에 엮이다: be entangled with (STH)
(STH)의 진상을 규명하다: get to the bottom of (STH)

> **참고** 사물의 밝은(어두운) 면을 보다:
> look on the bright (dark) side of things

기분 나쁘게 들릴지 모르겠지만: This might offend you, but

▶ Revision

Guideline for Revision
- 표시 Native Speaker가 거의 이해하기 힘든 안 좋은 표현
- 표시 Native Speaker가 이해는 하지만 어색한 표현
- 표시 표현을 사용할 수는 있지만 더 좋은 표현 추천

▶ 기분 나쁘게 들릴지 모르겠지만 꼭 이 말은 해야 할 것 같아. 네가 밥 먹는 모습을 보니 조금 깬다.

> 어색한 문장 > you might feel bad, but I should say it, watching you eat makes me feel dirty.

> Native > This might offend you, but I should say it. Watching you eat turns me off.

정말 깬다(정 떨어질 때): it turns me off

> 참고 turn SB on: 끌린다
> ex) 그의 근육에 끌려: his muscles turn me on

> 참고 이상하게 들릴지 모르겠지만: it might sound strange but
> 변명처럼 들릴지 모르겠지만: it might sound like an excuse but
> 거짓말처럼 들릴지 모르겠지만: it might sound like a lie but
> 오기로 들릴지 모르겠지만: it might sound like sour grapes

기분 나쁘라고 하는 말은 아닌데, 시비 걸자는 건 아닌데: no offence, but

▶ Revision

Guideline for Revision
- 표시 Native Speaker가 거의 이해하기 힘든 안 좋은 표현
- 표시 Native Speaker가 이해는 하지만 어색한 표현
- 표시 표현을 사용할 수는 있지만 더 좋은 표현 추천

▶ 기분 나쁘라고 하는 말은 아닌데, 너의 상의가 노출이 심해서 조금 부담돼. 너 일부러 튀려고 그렇게 입는 거야?

✗ 어색한 문장 ▷ I don't mean to make you feel bad, but your top is too open, so I feel a little uncomfortable. Did you try to show up intentionally?

Native ▷ No offence, but your top is too revealing, so I feel a little uncomfortable. Did you try to stand out intentionally?

튀다: stand out

🔍 '야한'과 관련된 표현들
- (주로 옷) 야한, 노출이 심한, 몸을 많이 드러내는: a. revealing, skimpy
- (주로 영화 장면, 광경) 야한: a. erotic
- (주로 표지, 잡지, 소설, 사진) 야한: a. racy (레이시)

까놓고 말해서:
to be fair

▶ Revision

| Guideline for Revision |

표시　Native Speaker가 거의 이해하기 힘든 안 좋은 표현
표시　Native Speaker가 이해는 하지만 어색한 표현
표시　표현을 사용할 수는 있지만 더 좋은 표현 추천

▶ 까놓고 말해서 너 남자친구는 무례하고 몰상식한 것 같아. 다시 한 번 만나게 되면 내 성을 간다.

> **어색한 문장** To be honest, I think your boyfriend is rude and ignorant. If I meet him ever again, I'll be angry.

> **Native** To be fair, I think your boyfriend is rude and ignorant. If I meet him ever again, that is the day when pigs fly.

내 손에 장을 지진다, 성을 간다, 해가 서쪽에서 뜬다(절대 일어날 수 없는 일): when pigs fly

ex) 내가 너랑 여기에 다시 오면 내 손에 장을 지진다
I'll come back here with you when pigs fly

우리 팀이 이긴다면 그날은 해가 서쪽에서 뜰 거야
Our team will beat them when pigs fly

깨닫고 보니, 어느 틈엔가: the next thing I knew

▶ **Revision**

| Guideline for Revision |

- 표시 Native Speaker가 거의 이해하기 힘든 안 좋은 표현
- 표시 Native Speaker가 이해는 하지만 어색한 표현
- 표시 표현을 사용할 수는 있지만 더 좋은 표현 추천

▶ 변명처럼 들릴지 모르겠지만, 나도 모르게 잠이 들었어요. 깨어 보니 한 시간이 지났지 뭐예요.

> **어색한 문장** It might sound like an excuse, but I fell asleep unconsciously. After realizing it, it was an hour later.

> **Native** It might sound like an excuse, but I fell asleep in spite of myself. The next thing I knew, it was an hour later.

나도 모르게: in spite of myself

나간 김에:
while you're out

▶ **Revision**

| Guideline for Revision |
표시 Native Speaker가 거의 이해하기 힘든 안 좋은 표현
표시 Native Speaker가 이해는 하지만 어색한 표현
표시 표현을 사용할 수는 있지만 더 좋은 표현 추천

▶ 나간 김에 세차를 하고 와. 대신 오늘 저녁에 당신 좋아하는 잡채를 만들어 줄게. "오! 좋아. 난 잡채에 홀딱 넘어가지."

> **어색한 문장** Go to an automatic car wash when you went out. I'll make Japchae for you in return. "Oh, great! I fall into it."

> **Native** Go to an automatic car wash while you're out. I'll make Japchae for you in return. "Oh, great! I have a weakness for it."

(SB/STH)에 홀딱 넘어가다, ~라면 사족을 못 써, ~말이라면 껌뻑 죽어: have a weakness for (SB/STH)

나도 모르는 사이에: before I knew it

▶Revision

Guideline for Revision

표시 Native Speaker가 거의 이해하기 힘든 안 좋은 표현
표시 Native Speaker가 이해는 하지만 어색한 표현
표시 표현을 사용할 수는 있지만 더 좋은 표현 추천

▶ 나도 모르는 사이에 가방 안이 흥건히 젖어 있는 거야. 미끌미끌한 촉감이 아마도 샴푸가 터진 모양이야.

> ✗ 어색한 문장 > while I don't know, inside of my bag was all wet. The shampoo must have popped in there because the texture was slippery.

> 🎤 Native > Before I knew it, inside of my bag was all wet. The shampoo must have popped in there because the texture was slimy.

미끌미끌한: slimy

> 참고 끈적거리는: sticky
> 까끌까끌한: rough
> 부드러운, 폭신폭신한: fluffy
> (피부, 음식이 기분 좋게) 촉촉한: moist
> (기분 나쁘게 끈적거리고 약간 젖은: clammy (클래미)

나란히:
alongside

▶ **Revision**

| Guideline for Revision |
| 표시 Native Speaker가 거의 이해하기 힘든 안 좋은 표현
| 표시 Native Speaker가 이해는 하지만 어색한 표현
| 표시 표현을 사용할 수는 있지만 더 좋은 표현 추천

▶ 너희 친구들과 나란히 서 있는 사진을 보는데 네가 눈에 확 들어온다! 너는 키가 가장 크구나!

> **어색한 문장** Looking at the picture of you and your friends standing together, I see only you. You're the tallest!

> **Native** Looking at the picture of you and your friends standing alongside, you catch my eyes! You're the tallest!

(SB)의 눈길을 끌다, 사로잡다: catch SB's eyes

> **참고** (SB) 귀가 솔깃하다: catch my ears

내 경험을 비춰 보면: in the light of my experience

▶ **Revision**

Guideline for Revision
- 표시 Native Speaker가 거의 이해하기 힘든 안 좋은 표현
- 표시 Native Speaker가 이해는 하지만 어색한 표현
- 표시 표현을 사용할 수는 있지만 더 좋은 표현 추천

▶ 내 경험에 비춰 보면 싸움을 즐기는 남자는 만나선 안 돼. 욱하는 성격은 폭력을 휘두를지도 몰라. "맞아 그런 행동은 초기에 싹을 잘라야 해."

> **어색한 문장** From my experience, it's not good to meet a man who enjoys fighting. The bad temper can always lead to violence. "That's right! we should get rid of the behavior from the beginning."

> **Native** In the light of my experience, it's not good to meet a man who enjoys fighting. The bad temper can always lead to violence. "That's right! we should nip that behavior in the bud."

(STH)의 싹을 없애다, 미연에 방지하다: nip (STH) in the bud

> **참고** (데이트, 커플) 더 아까운 사람: settler (셋럴)
> (데이트, 커플) 더 부족한 사람: reacher
> ex) 남자가 10살 연상이야. 여자가 아까워: The man is 10years older then the woman. She is a settler
> ex) 남자친구는 배려심이 있고 나에게 잘해 줘. 사실 내가 부족한 사람이야
> My boyfriend is considerate and treats me well. As a matter of fact, I am a reacher.

내 기억이 옳다면:
If I'm not mistaken

▶ **Revision**

| Guideline for Revision |

표시 Native Speaker가 거의 이해하기 힘든 안 좋은 표현
표시 Native Speaker가 이해는 하지만 어색한 표현
표시 표현을 사용할 수는 있지만 더 좋은 표현 추천

▶ 내 기억이 옳다면, 너 저번에 술 먹고 나한테 돼지라고 놀렸지?
"에이~ 말이 그렇다는 거지. 통통해서 얼마나 귀여운데."

> **어색한 문장** When my memory is right, you called me a pig when you were drunk, right? "No~ it's meaninglesswords. You're actually chubby and cute."

> **Native** If I'm not mistaken, you called me a pig when you were drunk right? "No~ It's just a figure of speech. You're actually chubby in a cute way."

말이 그렇다는 거지: it is a figure of speech

🔍 **술에 관한 표현**

– 술에 취해서 전화하다: drunk dial
  ex) She drunk dialed me last night
– 오늘 제대로 달려 보자: let's get trashed today
– 술이 몸에 안 받아요: I cannot metabolize alcohol
– 약간 취한, 알딸딸한: tipsy
– 취한: drunk
– (엄청 많이) 취한: hammered

내 생각에는: if you ask me

▶ Revision

| Guideline for Revision |
표시 Native Speaker가 거의 이해하기 힘든 안 좋은 표현
표시 Native Speaker가 이해는 하지만 어색한 표현
표시 표현을 사용할 수는 있지만 더 좋은 표현 추천

▶ 내 생각에는 우리 집에서 머무는 게 좋을 것 같아. 서울에 있는 동안 내가 재워 줄게.

어색한 문장 In my thought, you should stay at my house. I'll allow you to sleep at my house while you're in Seoul.

Native If you ask me, you should stay at my house. I'll put you up while you're in Seoul.

(SB)를 재워 주다: put SB up

> **참고** 정 그렇다면: if you insist
>   ex) 네 뜻이 정 그렇다면 할 수 없지
>   If you insist, I have no choice
>   경험상: as a rule of thumb
>   ex) 경험상, 이건 나쁘지 않아: as a rule of thumb, this isn't bad

내 예상과 달리: unlike my expectation

▶ Revision

| Guideline for Revision |

표시 Native Speaker가 거의 이해하기 힘든 안 좋은 표현
표시 Native Speaker가 이해는 하지만 어색한 표현
표시 표현을 사용할 수는 있지만 더 좋은 표현 추천

▶ 내 예상과 달리, 내 친구가 이번 내기에서 나를 이겼어. 게임 점수를 반올림해도 턱없이 모자라.

> 어색한 문장 Unlike what I thought, my friend won the bet this time. It's still too far below even if I make half up the score.

> Native Unlike my expectation, my friend won the bet this time. It's still too far below even if I round up the score.

(STH)을 반올림하다: round up (STH)
내기에서 이기다: win the bet

> 참고 (STH)을 반내림하다: round down (STH)
> (돈을) 긁어모으다: rake in money
>
> ex) 계산하는 게 힘들어서 그냥 금액을 만 원으로 반올림했어요
> I just rounded up the amount to ten thousand won because it's difficult to calculate it

내가 듣기로:
from what I hear

▶ **Revision**

| Guideline for Revision |

표시   Native Speaker가 거의 이해하기 힘든 안 좋은 표현
표시   Native Speaker가 이해는 하지만 어색한 표현
표시   표현을 사용할 수는 있지만 더 좋은 표현 추천

▶ 내가 듣기로 너는 남자친구를 못살게 군다고 하더라. 전화로 매번 뭐하냐고 꼬치꼬치 따진다면서.

> **어색한 문장** > By hearing this, you treat your boyfriend harshly, that you call him every day and ask many questions.

> **Native** > From what I hear, you treat your boyfriend harshly. You call him every day and split hairs.

꼬치꼬치 따지다: split hairs

> 참고 (SB)에게 말대꾸하다: talk back to (SB)

내가 보기에는, 제 관점에서: from my point of view

▶ **Revision**

Guideline for Revision

표시 Native Speaker가 거의 이해하기 힘든 안 좋은 표현
표시 Native Speaker가 이해는 하지만 어색한 표현
표시 표현을 사용할 수는 있지만 더 좋은 표현 추천

▶ 제가 보기에 영진이가 집착이 심한 이유는 애정 결핍이어서 그런 것 같아요. 우리가 칭찬도 많이 해 주고 잘해 줘야 합니다.

어색한 문장 In my opinion, Young-Jin has severe attachment because he doesn't have enough affection. We should be nice to him and compliment him a lot.

Native From my point of view, Young-Jin has severe attachment because he suffers from lack of affection. We should be nice to him and compliment him a lot.

애정 결핍: lack of affection
집착이 심하다: have(has) severe attachment

 정떨어지다: feel disgusted
정겹다: be affectionate
(SB/STH)에게 정들다: become fond of (SB/STH)
(SB)에게 미운 정 고운 정이 들다: be through thick and thin with (SB)

내가 없는 동안에: while I'm away

▶ Revision

| Guideline for Revision |
표시 Native Speaker가 거의 이해하기 힘든 안 좋은 표현
표시 Native Speaker가 이해는 하지만 어색한 표현
표시 표현을 사용할 수는 있지만 더 좋은 표현 추천

▶ 내가 없는 동안에 뭐하고 있었니? "시험 준비 때문에 열심히 공부하고 있었어요."

> 어색한 문장 > What were you doing while I was not there? "I was studying hard because preparing for my exam."

> Native > What were you doing while I was away? "I was hitting the books in preparation for my exam."

열심히 공부하다: hit the books

🔍 하러 가다: hit the 장소
- 잠자리에 들다: hit the sack
- 운동하러 가다: hit the gym
- 장 보러 가다: hit the store
- 출발하다, 여행을 떠나다: hit the road

내기에서:
on a bet

▶ Revision

| Guideline for Revision |
| 표시 Native Speaker가 거의 이해하기 힘든 안 좋은 표현
| 표시 Native Speaker가 이해는 하지만 어색한 표현
| 표시 표현을 사용할 수는 있지만 더 좋은 표현 추천

▶ 내가 40대이지만, 30대 직장 동료랑 농구 내기에서 돈 좀 땄지. "아직 살아 있네(건재하네)!"

> 어색한 문장 > Although I'm in my 40s, for a bet I won some money from a coworker, in his 30s. "You are still alive!"

> Native > Although I'm in my 40s, on a basketball bet I won some money from a coworker in his 30s. "You've still got it!"

아직 살아 있네(아직 건재하다): You've still got it

내심 (1): deep down

▶Revision

| Guideline for Revision |

표시 Native Speaker가 거의 이해하기 힘든 안 좋은 표현
표시 Native Speaker가 이해는 하지만 어색한 표현
표시 표현을 사용할 수는 있지만 더 좋은 표현 추천

▶ 여러 일이 많이 들어오다 보니 내심 일을 대충하고 싶은 마음이 들더라. 그렇지만 마음을 다잡고 최선을 다하기로 했어.

어색한 문장 ＞ Having a lot of work to do made me want to do halfheartedly in my heart. But I caught my mind again and decided to do my best.

Native ＞ Having a lot of work to do made me want to half-ass deep down. But I regained my focus and decided to do my best.

마음을 다시 잡다: regain my focus
일을 대충하다: half-ass

내심 (2): inwardly

▶ Revision

| Guideline for Revision |

표시 Native Speaker가 거의 이해하기 힘든 안 좋은 표현
표시 Native Speaker가 이해는 하지만 어색한 표현
표시 표현을 사용할 수는 있지만 더 좋은 표현 추천

▶ 옷을 얇게 입고 외출한 것을 내심 후회했어. 친구를 기다리는 동안 벌벌 떨었다니까.

> **어색한 문장** I was regretting inside that I wore thin clothing when I went out. I was shaking while waiting for my friends.

> **Native** I was regretting inwardly that I wore thin clothing when I went out. I was shaking like a leaf while waiting for my friends.

벌벌 떨다: shake like a leaf

 얇은 옷을 여러 겹(세 겹) 입으세요
wear many(three) layers of thin clothing

네가 없었다면 ~했었을 거야: if it weren't for you, I would V

▶ Revision

| Guideline for Revision |

표시 Native Speaker가 거의 이해하기 힘든 안 좋은 표현
표시 Native Speaker가 이해는 하지만 어색한 표현
표시 표현을 사용할 수는 있지만 더 좋은 표현 추천

▶ 네가 없었다면 나는 담배를 계속 피웠을 거야. 하지만 담배를 끊고 나니 금단현상을 겪게 되네.

> **어색한 문장** without your help, I would still be a cigarette smoker. But I am getting weird phenomena after I quit.

> **Native** If it weren't for you, I would still be a cigarette smoker. But I'm getting withdrawal symptoms after I quit.

금단현상: withdrawal symptoms

참고 탈수 현상을 보이는: dehydrated (디**하**이드레이티드)

너는 어떨지 모르지만:
I don't know about you

▶ Revision

Guideline for Revision
표시 Native Speaker가 거의 이해하기 힘든 안 좋은 표현
표시 Native Speaker가 이해는 하지만 어색한 표현
표시 표현을 사용할 수는 있지만 더 좋은 표현 추천

▶ 너는 어떨지 모르지만 나한테는 굉장히 중요한 일이야. "그래서 상황 대처가 빨랐던 거구나."

> **어색한 문장** I don't know about your thinking, but this is very important for me. "That's why you were so quick in understanding situations."

> **Native** I don't know about you, but this is very important for me. "That's why you were quick off the mark."

상황 대처가 빠르다: be quick off the mark

> 참고 상황 대처가 느리다: be slow off the mark

너만큼: as much as you do(did)

▶ **Revision**

| Guideline for Revision |

표시 Native Speaker가 거의 이해하기 힘든 안 좋은 표현
표시 Native Speaker가 이해는 하지만 어색한 표현
표시 표현을 사용할 수는 있지만 더 좋은 표현 추천

▶ 나도 너만큼 최선을 다해 노래 연습을 했어. 이제는 네가 부르는 노래 가사를 따라 부를 정도가 되었다고.

> **어색한 문장** I practiced singing like you did. Enough to sing with the lyrics of the song you sing.

> **Native** I practiced singing as much as you did. Enough to sing along the lyrics of the song you sing.

노래 가사를 따라 부르다: sing along the lyrics

너에 관한:
when it comes to you

▶ Revision

| Guideline for Revision |

표시 Native Speaker가 거의 이해하기 힘든 안 좋은 표현
표시 Native Speaker가 이해는 하지만 어색한 표현
표시 표현을 사용할 수는 있지만 더 좋은 표현 추천

▶ 난 너에 관한 어떤 것도 관심이 없었어. 그런데 네가 없으니깐 빈자리가 정말 크더라.

 어색한 문장 〉 I had no interest about you, but I felt vacant place when you were not here.

Native 〉 I had no interest whatsoever when it came to you, but I'm feeling a sense of emptiness from your absence.

네가 없으니깐 빈자리가 크다:
I feel a sense of emptiness from your absence

네가 어떻게 느낄지 모르겠지만:
despite how you may feel

▶ **Revision**

| Guideline for Revision |

표시 Native Speaker가 거의 이해하기 힘든 안 좋은 표현
표시 Native Speaker가 이해는 하지만 어색한 표현
표시 표현을 사용할 수는 있지만 더 좋은 표현 추천

▶ 너 때문에 단체 소개팅이 엉망이 되어 버렸잖아. 네가 어떻게 느낄지 모르겠지만, 가슴골이 훤히 들여다보이는 옷을 입어서 분위기가 완전 흐려졌어.

> **어색한 문장** You literally messed up the group blind date. I don't know how you feel but the atmosphere was spoiled because you wore a shirt that shows the cleavage.

> **Native** You literally messed up the group blind date. Despite how you may feel, the atmosphere was spoiled because you wore a shirt that shows the cleavage.

가슴골: cleavage (클리비지)

> **참고** 당신이 어떻게 생각할지 모르지만: despite what you may think
> 당신이 무엇을 들었을지는 모르지만: despite what you may have heard
> 당신이 무엇을 믿을지 모르지만: despite what you may believe

누가 그러던데:
A little bird told me that S V

▶ Revision

| Guideline for Revision |

표시 Native Speaker가 거의 이해하기 힘든 안 좋은 표현
표시 Native Speaker가 이해는 하지만 어색한 표현
표시 표현을 사용할 수는 있지만 더 좋은 표현 추천

▶ 누가 그러던데 너는 친구들과 밥을 먹을 때 한 번도 산 적이 없다고 하더라. 이번에 돈 좀 보태서 크게 한턱 쏴라.

✗ 어색한 문장 **someone** told me that you never treated your friends when you ate with them. Why don't you save some money and treat them big?

🔊 Native A little bird told me that you never treated your friends when you ate with them. Why don't you save some money and treat them big?

다시 생각해 보니: on second thought

▶ **Revision**

| Guideline for Revision |

표시 Native Speaker가 거의 이해하기 힘든 안 좋은 표현
표시 Native Speaker가 이해는 하지만 어색한 표현
표시 표현을 사용할 수는 있지만 더 좋은 표현 추천

▶ 다시 생각해 보니 헤어진 남자친구에게 다시 만나자고 해야겠어. "정신 차려! 이미 끝났는데 무슨 미련이야!"

❌ 어색한 문장 > Thinking about it again, I should ask my ex-boyfriend to get back together. "Be conscious! It's already over!"

⚠ Native > On second thought, I think I should ask my ex-boyfriend to get back together. "Get a grip on yourself! It's already over!"

정신 차려: get a grip on yourself

단둘이: alone

'alone'은 '혼자', '외로운' 외에 '단둘이'의 뜻이 있답니다.

▶ **Revision**

| Guideline for Revision |
| 표시 Native Speaker가 거의 이해하기 힘든 안 좋은 표현
| 표시 Native Speaker가 이해는 하지만 어색한 표현
| 표시 표현을 사용할 수는 있지만 더 좋은 표현 추천

▶ 명수와 지나가 단둘이 만나서 이야기했다던데, 맞아? 그럼 다시 재결합 하는 거지, 그렇지? "말이야 쉽지."

어색한 문장 명수 and 지나 met together and talked to each other, right? They'll get back together, right? "It is easier to talk than to behave."

Native 명수 and 지나 met alone and talked to each other, right? They'll get back together, right? "It's easier said than done."

말이야 쉽지: it's easier said than done
ex) 단둘이 이야기할 수 있을까? Can we talk alone?

 **(중독된 것을 갑자기 끊을 때) 단번에: cold turkey**

▶ **Revision**

| Guideline for Revision |

표시 Native Speaker가 거의 이해하기 힘든 안 좋은 표현
표시 Native Speaker가 이해는 하지만 어색한 표현
표시 표현을 사용할 수는 있지만 더 좋은 표현 추천

▶ 내 아내가 자꾸 잔소리해서 술을 단번에 끊었는데 담배도 끊으라고 하더라. 그것만으로도 벅차 죽겠는데 말이야.

> **어색한 문장** I quit drinking suddenly because of my wife's nagging and she's now telling me to quit smoking too. Quitting drinking alone is killing me.

> **Native** I quit drinking cold turkey because of my wife's nagging and she's now telling me to quit smoking too. Quitting drinking alone is more than enough for me.

(STH)만으로도 벅차: (STH) is more than enough

참고 시작이 반이다: well begun is half done

단지 ~한 것뿐이야(이유를 대며): it's just that S V

▶ **Revision**

Guideline for Revision
- 표시 Native Speaker가 거의 이해하기 힘든 안 좋은 표현
- 표시 Native Speaker가 이해는 하지만 어색한 표현
- 표시 표현을 사용할 수는 있지만 더 좋은 표현 추천

▶ 네가 날 잘 몰랐을 뿐이야. 너의 사과를 받아 줄게. 너랑 친하게 지내고 싶어. 자주 연락해.

어색한 문장 It's because you don't know me. I'll accept your apology. I want to be close to you. Call me often.

 Native It's just that you don't know me. I'll accept your apology. I want to hang out with you more. Don't be a stranger.

자주 연락해: Don't be a stranger
주의) 친하게 지내고 싶어: 'I want to be close to you'
→ 문법적으로 틀리진 않지만 어색한 표현입니다.

당당히: with flying colors

▶ **Revision**

| **Guideline for Revision** |
| 표시 Native Speaker가 거의 이해하기 힘든 안 좋은 표현 |
| 표시 Native Speaker가 이해는 하지만 어색한 표현 |
| 표시 표현을 사용할 수는 있지만 더 좋은 표현 추천 |

▶ 이번 시험에 당당히 합격했어. 예전에는 시험 공부할 때 잡생각을 많이 해서 떨어졌었거든. 이제 다음 주까지 자기소개서만 제출하면 돼.

> **어색한 문장** I think I passed the test with confidence. I failed the last exam because I thought other things a lot. All I should do is just submit a letter of self-introduction until next week.

> **Native** I think I passed the test with flying colors. I failed the last exam because I daydreamt a lot. All I should do is just submit a letter of self-introduction by next week.

잡생각하다: daydream

주의) 'until'은 'wait, study, stay'와 같이 지속되는 행위의 동사를 사용할 때 같이 나오면 됩니다.

ex) I can wait for you until tomorrow.

'By'는 'finish, submit' 등과 같이 지속성이 없고 완료되는 느낌의 동사를 사용할 때 같이 나옵니다.

| 참고 멍 때렸어: I zoned out |

~에 대하여:
명사 wise

▶ **Revision**

| Guideline for Revision |

표시 Native Speaker가 거의 이해하기 힘든 안 좋은 표현
표시 Native Speaker가 이해는 하지만 어색한 표현
표시 표현을 사용할 수는 있지만 더 좋은 표현 추천

▶ 인생에 대해서 많이 알지는 못하지만, 확실한 건 여행을 많이 다니는 게 좋은 것 같아. "맞아. 나도 역마살이 끼어서 그런지 어디론가 떠나고 싶어."

> **어색한 문장** I don't know much about life, but one thing is for certain that it's good to travel often. "You're right. I've wanted to leave for somewhere because I am a trip mania."

> **Native** I don't know much life wise but one thing is for certain that it's good to travel often. "You're right. I've wanted to leave for somewhere because I got itchy feet."

역마살이 끼다. (여행이나, 다른 데로 가고 싶어) 안달하다: get itchy feet

> 🔍 **feet의 관한 표현들**
> – 쫄다, 주눅 들다: get cold feet
> – 몸치야: I have two left feet
> – 내 입장은 단호해: I have put my foot down
> – 다시 일어서다, 재기하다: get back on SB's feet

더 이상 지체하지 않고: without further ado (어두)

▶ **Revision**

| Guideline for Revision |
| 표시 | Native Speaker가 거의 이해하기 힘든 안 좋은 표현
| 표시 | Native Speaker가 이해는 하지만 어색한 표현
| 표시 | 표현을 사용할 수는 있지만 더 좋은 표현 추천

▶ 더 이상 지체하지 않고 다이어트를 시작할 거야. 내 친구가 15kg를 뺐다고 하니까 박탈감이 들면서 부럽더라니까.

어색한 문장 I'm going to get on my diet without delaying. I got jealous and felt desperate when I heard that my friend lost 15kg.

Native I'm going to get on my diet without further ado. I got jealous and felt a sense of deprivation when I heard that my friend lost 15kg.

박탈감: sense of deprivation (데프리**베**이션)

참고 자괴감이 들다: feel shameful
모욕감이 들다: feel insulted
허탈감이 들다: feel dejected
상실감: sense of loss
위기감: sense of crisis
자존감: self-esteem
회의감: skepticism
열등감: inferiority complex (인**피**얼~**오**러리)
우월감: superiority complex (수**피**어리얼~**오**러리)

도움이 될지 모르겠지만, 그냥 내 생각일 뿐이지만: for what it's worth

▶ Revision

| Guideline for Revision |
표시 Native Speaker가 거의 이해하기 힘든 안 좋은 표현
표시 Native Speaker가 이해는 하지만 어색한 표현
표시 표현을 사용할 수는 있지만 더 좋은 표현 추천

▶ 이런 말이 도움이 될지 모르겠지만, 네가 다른 사람들에 비해 머리가 좋은 것도 아니잖아. 이제 시험 그만 보고 취업 준비를 해.

> 어색한 문장 > I don't know if it is helpful to you, but you're smarter compared to others. Stop taking the exam and prepare to get a job.

> Native > For what it's worth, it's not like you're smarter compared to others. Stop taking the exam and prepare to get a job.

~인 것도 아니다: it's not like S V

ex) 내가 먹고 싶었던 것도 아니야: It's not like I wanted to eat
내가 행복한 것도 아니야: It's not like I'm happy

동일 선상에서: along the same lines

▶ **Revision**

| Guideline for Revision |

표시 Native Speaker가 거의 이해하기 힘든 안 좋은 표현
표시 Native Speaker가 이해는 하지만 어색한 표현
표시 표현을 사용할 수는 있지만 더 좋은 표현 추천

▶ 너와 나는 동일 선상에서 최고의 자리에 함께 올랐잖아. 슬럼프에 빠져 슬픔에 잠겨 있는 모습을 보니 마음이 아프구나.

> **어색한 문장** You and I climbed to the top together. It breaks my heart to see you with sadness.

> **Native** You and I climbed to the top along the same lines. It breaks my heart to see you in sorrow.

슬픔에 잠겨 있는: in sorrow

> **참고** 기뻐서: in joy
> 말도 안 되게, 말도 할 수 없을 만큼: beyond words
>
> ex) 말할 수 없이 기뻐: I'm delighted beyond words
> ex) 그는 말도 안 되게 부자야: he's rich beyond words
> ex) 말로 표현할 수 없을 만큼 내 남편을 사랑해요:
>   I love my husband beyond words

~ 되기 직전인:
on the brink of N/ Ving

▶ Revision

Guideline for Revision

표시 Native Speaker가 거의 이해하기 힘든 안 좋은 표현
표시 Native Speaker가 이해는 하지만 어색한 표현
표시 표현을 사용할 수는 있지만 더 좋은 표현 추천

▶ 지금 경기도 너무 안 좋고 경제도 붕괴되기 직전이야. 말이 새 나가면 투자자들이 초기 투자금을 회수할지도 모르니 조심해!

> **어색한 문장** The economy is terrible and it's almost collapsing. If words spread out, the investors might retrieve their investments, so be careful!

> **Native** The economy is terrible and it's on the brink of collapsing. If words get leaked, the investors might retrieve their initial investments, so be careful!

말이 새 나가다: words get leaked
초기 투자금: initial investment

> **참고** 입소문 나다: go(es) viral
> 소문을 내다: spread the word

뒤이어, 뒤따라, 그 결과: in the wake of (SB/STH)

▶ Revision

Guideline for Revision

표시 Native Speaker가 거의 이해하기 힘든 안 좋은 표현
표시 Native Speaker가 이해는 하지만 어색한 표현
표시 표현을 사용할 수는 있지만 더 좋은 표현 추천

▶ 최근 그 사건 이후로 공로를 인정받아서, 승진을 기대했었거든. 그런데 승진 대신 포상 휴가를 보내 준다고 하네. 김칫국 제대로 마신 거지.

> **어색한 문장** I was recognized for my efforts as a result of recent happening. That's why I was really looking forward to the promotion, But they say I'll receive a vacation instead of the promotion. I definitely looked forward to it earlier.

> **Native** I was recognized for my efforts in the wake of the recent happening. That's why I was really looking forward to the promotion, But they say I'll receive vacation as a reward instead of the promotion. I definitely jumped the gun.

포상 휴가: vacation as a reward
공로를 인정받다: be recognized for SB's effort
김칫국부터 마시다: jump the gun

드디어: finally

('결국, 결국에는'이라고 할 땐 'eventually'를 쓰세요)

▶ Revision

Guideline for Revision

표시 Native Speaker가 거의 이해하기 힘든 안 좋은 표현
표시 Native Speaker가 이해는 하지만 어색한 표현
표시 표현을 사용할 수는 있지만 더 좋은 표현 추천

▶ 내 친구가 수년간 가수 지망생으로 있었는데 드디어 '꽃'이라는 새 앨범을 냈어. 걔 어머니가 기뻐서 어쩔 줄 몰라 하셔.

> **어색한 문장** My friend used to be a future singer who was trained for several years, and he finally came out with the first album titled in Flower. His mother is crazy with joy.

> **Native** My friend used to be a would-be singer who was trained for several years, and he finally came out with the first album titled in Flower. His mother is beside herself with joy.

~으로 제정신이 아니다, 이성을 잃다: be beside oneself with (STH)
가수(배우) 지망생: would-be singer(actor)

> **참고** 예비 신부(신부) would-be bride(bridegroom)

> **참고** 기뻐서 어쩔 줄 모르다(제정신이 아니다)
> be beside oneself with joy
>
> 슬퍼서 어쩔 줄 모르다(제정신이 아니다)
> be beside oneself with grief
>
> 화나서 어쩔 줄 모르다(제정신이 아니다)
> be beside oneself with anger
>
> 흥분돼서 어쩔 줄 모르다
> be beside oneself with excitement
>
> 기대로 어쩔 줄 모르다
> be beside oneself with anticipation

> **참고** '결국'과 '드디어'는 같은 의미가 아니랍니다.

결국에는(eventually): '결과적으로'의 의미로 사용합니다.
드디어(finally): '기대했던 것이 이뤄질 때'의 의미로 사용합니다.

내가 뭘 해야 할지 결국 못 정했어
Eventually, I couldn't decide what to do (O)

내가 뭘 해야 할지 드디어 못 정했어(X)라는 표현은 어색합니다.

듣자 하니: apparently

▶ **Revision**

Guideline for Revision
- 표시 Native Speaker가 거의 이해하기 힘든 안 좋은 표현
- 표시 Native Speaker가 이해는 하지만 어색한 표현
- 표시 표현을 사용할 수는 있지만 더 좋은 표현 추천

▶ 듣자 하니 예은이는 독실한 천주교인라며, 기독교인 아니고? "그게 그거지."

> **어색한 문장** As I heard the news, 예은 is a religious Catholic, not a Christian. "It's the same thing."

> **Native** Apparently, 예은 is a religious Catholic, not a Christian. "potato potahto."

그게 그거지: potato potahto (포테이도, 포타도)
같은 말로 'tomato, tomahto (토메이도, 토마도)'를 쓸 수 있습니다.

들리는 소문에(소문에 의하면):
word on the street is that S V

▶ **Revision**

| Guideline for Revision |

표시 Native Speaker가 거의 이해하기 힘든 안 좋은 표현
표시 Native Speaker가 이해는 하지만 어색한 표현
표시 표현을 사용할 수는 있지만 더 좋은 표현 추천

▶ 들리는 소문에 이진의 남자친구가 범인으로 오해받아서, 소년원에 송치되었다며?

> 어색한 문장 > According to a rumor, 이진's boy friend gotmisunderstood as a criminal and sent to a jail. Is that right?

> Native > Word on the street is that 이진's boy friend was mistaken as a criminal and sent to a reformatory. Is that right?

~로 오해받다: be mistaken as
소년원: reformatory (리포머토리)
구치소: detention center

딱히:
per se

▶ Revision

| Guideline for Revision |

표시 Native Speaker가 거의 이해하기 힘든 안 좋은 표현
표시 Native Speaker가 이해는 하지만 어색한 표현
표시 표현을 사용할 수는 있지만 더 좋은 표현 추천

▶ 훌라후프로 일주일 동안 운동했는데 딱히 효과가 없어. 여전히 허리 군살이 잡히는걸.

> **어색한 문장** I've done exercise with hula hoop for a week, but there's no effect at all. I can still grab fat on waist.

> **Native** I've done exercise with a hula hoop for a week, but there's no effect per se. I can still grab my spare tire.

허리 군살: spare tire

> 참고 뱃살: belly fat
> 똥배: pot belly, beer belly
> 처진 가슴: sagging chest
> 퍼진 엉덩이: flabby butt
> 뱃살 덩어리야: I have a one pack

때가 되면:
when the time comes

▶ Revision

Guideline for Revision

표시 Native Speaker가 거의 이해하기 힘든 안 좋은 표현
표시 Native Speaker가 이해는 하지만 어색한 표현
표시 표현을 사용할 수는 있지만 더 좋은 표현 추천

▶ 먼저 네가 재기해야지. 나중에 때가 되면, 당한 만큼 돌려주면 돼. "정말 너한테 크게 신세 졌어."

어색한 문장 First of all, you should return. When there's the time, you'll repay as much as you get. "I owe you."

Native First of all, you should get back on your feet. When the time comes, you'll give as good as you get. "I owe you a big favor."

다시 일어서다, 재기하다: get back on SB's feet
크게 신세 지다: I owe you a big favor
당한 만큼 갚아 주다: give as good as you get

때가 지남에 따라, 시간이 지날수록, 세월이 흘러감에 따라: with the passage of time

▶ **Revision**

| Guideline for Revision |

표시 Native Speaker가 거의 이해하기 힘든 안 좋은 표현
표시 Native Speaker가 이해는 하지만 어색한 표현
표시 표현을 사용할 수는 있지만 더 좋은 표현 추천

▶ 시간이 지날수록, 네 알통이 더 커지는 것 같아. 고생한 보람이 있네. 그런데 너 근력 운동하는 이유가 뭐야? "그냥."

> 어색한 문장 〉 I think your muscles have been growing bigger as time goes by. Your efforts have paid off. By the way, why do you lift weights? "Just."

> Native 〉 I think your biceps have been growing bigger with the passage of time. Your efforts have paid off. By the way, why do you lift weights? "Just because."

• 알통: biceps (바이셉) 또는 guns(속어로 자주 쓰임)

주의) '그냥'을 'just'로 사용하시는 분이 있지만 이것은 의미상 어색합니다. 이제부터 'just because'를 사용해 봅시다.

마지못해: reluctantly

▶ **Revision**

| Guideline for Revision |

표시 Native Speaker가 거의 이해하기 힘든 안 좋은 표현
표시 Native Speaker가 이해는 하지만 어색한 표현
표시 표현을 사용할 수는 있지만 더 좋은 표현 추천

▶ 엄마가 자꾸 살 빼라고 하셔서 마지못해 PT를 등록했어. 이제부터 나 몸을 만들 거야.

> **어색한 문장** I signed up for the PT class although I don'twant because my mom wouldn't stop telling me to lose weight. I'm going to start making shape.

> **Native** I reluctantly signed up for the PT class because my mom wouldn't stop telling me to lose weight. I'm going to start getting in shape.

몸을 만들다: get in shape
몸매를 잘 유지하다, 가꾸다: stay fit
주의) 'make shape'는 한국적 표현입니다.

> **참고** 비율이 좋은: well proportioned
> 탄탄한 몸매: toned shape
> 통통한 몸매: chubby shape
> 근육질의 몸매: buff shape
> 토실한: plump
> (SB)는 살집이 있어: (SB) is on the heavy side
> 날씬한(탄탄함과 비율이 좋은 것도 포함되어 있음): slender shape

마침 S가 V했어:
it just happened that S V

▶ Revision

| Guideline for Revision |
표시 Native Speaker가 거의 이해하기 힘든 안 좋은 표현
표시 Native Speaker가 이해는 하지만 어색한 표현
표시 표현을 사용할 수는 있지만 더 좋은 표현 추천

▶ 친구가 지갑을 잃어버리고 우울해서 위로해 주었어. 마침 그때 나한테 현금이 있어서 돈을 빌려줬어.

어색한 문장 My buddy was in trouble after losing his wallet. He was feeling depressed and I comforted him. At last, I had some cash on me, so I lent him money.

Native My buddy was in trouble after losing his wallet. He was feeling depressed and I made him feel better. It just happened that I had some cash on me, so I lent him money.

위로하다: make SB feel better

주의) 구어체로 '위로하다'를 'comfort, console' 대신 'make SB feel better'로 많이 쓰인답니다.

참고) (STH)로 슬픔/시름을 달래다: drown my sorrows/troubles in (STH)
ex) 술로 슬픔을 달래고 있었어요: I was drowning my sorrows in drink

막판에:
at the last minute

▶ Revision

Guideline for Revision

표시 Native Speaker가 거의 이해하기 힘든 안 좋은 표현
표시 Native Speaker가 이해는 하지만 어색한 표현
표시 표현을 사용할 수는 있지만 더 좋은 표현 추천

▶ 막판에 내가 남자친구한테 잘못한 것이 있어서 꼼짝 못 했다니까. 계속 질질 끌려다니면서 맞춰 주느라 얼마나 힘들었는데.

> **어색한 문장** I couldn't do anything because I did something wrong to my boyfriend in the end. I was moved everywhere trying to make him feel good. It was so exhausting.

> **Native** I couldn't do anything because I did something wrong to my boyfriend at the last minute. I was being dragged everywhere trying to make him feel good. It was so exhausting.

끌려다니다: be dragged

 시간을 질질 끌다: stall for time

(SB/STH) 말이 나온 김에 하는 말인데: speaking of (SB/STH)

▶ **Revision**

| Guideline for Revision |

표시 Native Speaker가 거의 이해하기 힘든 안 좋은 표현
표시 Native Speaker가 이해는 하지만 어색한 표현
표시 표현을 사용할 수는 있지만 더 좋은 표현 추천

▶ 태수 말이 나온 김에 하는 말인데, 음주 운전하는 습관을 못 고치더니, 결국 면허를 취소당하고, 벌금을 냈어. "인생이 다 그런 거지 뭐."

> 어색한 문장 > About 태수, he failed to break his habit of drinking and driving. Eventually, his driving license was finished, and he paid a fine. "That's the life."

> Native > Speaking of 태수, he failed to break his habit of drinking and driving. Eventually, his driving license was revoked, and he paid a fine. "It's what it is."

사는 게 뭐 다 그렇지, 뭐 어쩔 수 없지: it's what it is

참고 > 너 자신을 깎아내리지 마: Don't sell yourself short

말하자면 이런 거지: let me put it this way

▶ **Revision**

Guideline for Revision
- 표시 Native Speaker가 거의 이해하기 힘든 안 좋은 표현
- 표시 Native Speaker가 이해는 하지만 어색한 표현
- 표시 표현을 사용할 수는 있지만 더 좋은 표현 추천

▶ 그 남자가 또 약속을 파토 냈다는 것은, 말하자면 이런 거지. 너에게 전혀 관심이 없다는 뜻이야.

> 어색한 문장 He cancelled the plans again. In other words, He's not interested in you at all.

> Native He flaked on you again. Let me put it this way. He's not interested in you at all.

약속을 파토 내다: flake on 사람
저녁 약속을 파토 냈어: flake on the dinner plans

망설임 없이:
without hesitation

▶ **Revision**

| Guideline for Revision |

표시 Native Speaker가 거의 이해하기 힘든 안 좋은 표현
표시 Native Speaker가 이해는 하지만 어색한 표현
표시 표현을 사용할 수는 있지만 더 좋은 표현 추천

▶ 어제 돼지꿈을 꾸고 나서 망설임 없이 복권을 샀는데 하나도 안 맞더라. "그건 개꿈이었던 거야."

✘ 어색한 문장 ⟩ I had a dream about a pig and I bought a lottery without worries but I didn't even hit single number. "It was a meaningless dream."

❗ Native ⟩ I had a dream about a pig and I bought a lottery without hesitation but I didn't even hit single number. "It was a silly dream."

개꿈: silly dream

> 참고 ▶ 망상: pipedream
> 몽정: wet dream
> 꿈같은 이야기야: in your dreams

맨땅에서: from scratch

▶ **Revision**

| Guideline for Revision |

표시   Native Speaker가 거의 이해하기 힘든 안 좋은 표현
표시   Native Speaker가 이해는 하지만 어색한 표현
표시   표현을 사용할 수는 있지만 더 좋은 표현 추천

▶ 음식점을 열었는데 맨땅에서 시작하다 보니까 정말 힘들다. 이번 일은 정말 빡센 것 같아.

> **어색한 문장**〉 I started a restaurant with nothing and it's really difficult. This work is so tough.

> **Native**〉 I started a restaurant from scratch and it's really difficult. This work is so intense.

빡센, 힘든: intense

주의) intense는 '(사람의 성격) 악착같은' 뜻으로도 사용할 수 있습니다.

🔍 시원하다의 여러 가지 표현들

- (날씨가) 시원하다: it's cool, ex) it's really cool outside.
  찬 바람: cool breeze
- (얼큰한 국물이) 시원하다: This really hits the spot
- (음식이) 시원하다: it's cold , ex) I want to eat cold food
- (상황이 통쾌한) 시원하다: good riddance(리던스)

머리부터 발끝까지:
from head to toe

▶ Revision

| Guideline for Revision |
- 표시 Native Speaker가 거의 이해하기 힘든 안 좋은 표현
- 표시 Native Speaker가 이해는 하지만 어색한 표현
- 표시 표현을 사용할 수는 있지만 더 좋은 표현 추천

▶ 머리부터 발끝까지 진흙투성이잖아. 너 도서관 간다고 해 놓고선 이게 뭐야? 앞뒤가 안 맞잖아!

> **어색한 문장** You're painted everywhere with mud. You told me that you would go to the library. What's going on? This doesn't make sense.

> **Native** You're plastered from head to toe with mud. You told me that you would go to the library. What's going on? This doesn't add up!

앞뒤가 안 맞아: This doesn't add up
도배하다: plaster

면에서는, ~에 있어서는: in terms of

▶ Revision

Guideline for Revision

표시 Native Speaker가 거의 이해하기 힘든 안 좋은 표현
표시 Native Speaker가 이해는 하지만 어색한 표현
표시 표현을 사용할 수는 있지만 더 좋은 표현 추천

▶ 비용 면에서 나는 할 말이 없어. 지난번에는 내가 계산했잖아. 이것으로 퉁치자.

어색한 문장 ⟩ I have nothing to say about cost. I already paid for that last time. We are even.

Native ⟩ I have nothing to say in terms of cost. I already paid for that last time. Let's call it even.

우리 퉁치자: Let's call it even

참고 ▶ 오늘은 여기까지 합시다: Let's call it a day

🔍 'day' 와 관련된 표현들

- 월요병: monday blues
- 재수 없는 날, 안 풀리는 날: off day
- 징검다리 연휴: holidays interspersed with working days
  배치시키다: intersperse(인터스펄스)
- 일주일 중 가장 힘든 날(일주일에 중간, 주로 수요일): hump day
- 격주로: every other week
- 격일로: every other day

모든 상황을 고려해 볼 때: all things considered

▶ Revision

| Guideline for Revision |
표시 Native Speaker가 거의 이해하기 힘든 안 좋은 표현
표시 Native Speaker가 이해는 하지만 어색한 표현
표시 표현을 사용할 수는 있지만 더 좋은 표현 추천

▶ 모든 상황을 고려해 볼 때, 너는 나랑 헤어지고 싶은 것 같아. "너를 좋아하지 않는다는 게 아냐. 사실 말로 감정을 표현하는 게 쉽지 않아서 그래."

> 어색한 문장 > Considering all circumstances, I think you want to break up with me, right? "I don't hate you. In fact, it's not easy to express my feelings in saying."

> Native > All things considered, I think you want to break up with me, right? "It's not that I don't like you. In fact, it's not easy to express my feelings in words."

~해서가 아니야: it's not that S V

ex) 돈이 없어서가 아니야: it's not that I have no money
   널 싫어해서가 아니야: it's not that I hate you
   네 도움이 필요 없어서가 아냐: it's not that I don't need your help

> 참고 인 것도 아니다: it's not like S V
>   ex) 네 머리가 좋은 것도 아니야: it's not like you're smart

82 내 영어에는 풍부함이 있다

(SB) 몰래: without (SB) knowing

▶ Revision

Guideline for Revision

표시 Native Speaker가 거의 이해하기 힘든 안 좋은 표현
표시 Native Speaker가 이해는 하지만 어색한 표현
표시 표현을 사용할 수는 있지만 더 좋은 표현 추천

▶ 이번에 부모님 몰래 내 마음대로 차를 사 버렸어. 너한테만 비밀을 털어놓는 거야.

어색한 문장 I bought a car at my own will by their secret, I am just telling my secret to you.

Native I bought a car at my own will without my parents knowing. I'm just spilling the beans to you.

비밀을 털어놓다: spill the beans

참고 사실을 누설하다: spill the tea

무슨 수를 써서라도:
at all costs

▶ Revision

Guideline for Revision
- 표시 Native Speaker가 거의 이해하기 힘든 안 좋은 표현
- 표시 Native Speaker가 이해는 하지만 어색한 표현
- 표시 표현을 사용할 수는 있지만 더 좋은 표현 추천

▶ 내가 무슨 수를 써서라도 너한테 반드시 복수할 거야. "영원히 잠들고 싶냐?"

어색한 문장 I'll revenge you for sure. "Do you want to be put asleep for good?"

Native I'll revenge you at all costs. "Do you want to be put asleep for good?"

주의) 'for good'은 '영원히, 완전히'의 뜻으로 대부분 부정적인 상황에서 사용됩니다.

ex) 사람들이 널 떠난다 하더라도 난 네 곁에 영원히 있을 거야
Even if people leave you, I'll be by your side for good (X)

나 남자친구랑 완전히 끝났어
I'm done with him for good (O)

무슨 일이 있어도: whatever it takes

▶ **Revision**

Guideline for Revision
- 표시 Native Speaker가 거의 이해하기 힘든 안 좋은 표현
- 표시 Native Speaker가 이해는 하지만 어색한 표현
- 표시 표현을 사용할 수는 있지만 더 좋은 표현 추천

▶ 무슨 일이 있어도, 이번에는 시험에 꼭 합격해야 돼. 엄마가 힘내라고 꼭 껴안아 줄게. "만약 합격하지 못하더라도 절 좀 이해해 주세요."

> **어색한 문장** > My son, no matter what happens, you should pass the test. Here, let me give you a hug to cheer you up. "Even if I fail the test, please understand me."

> **Native** > My son, whatever it takes, you should pass the test. Here, let me give you a hug to cheer you up. "Even if I fail the test, please bear with me."

주의) 'understand me'는 '나의 말을 이해하다'의 뜻으로 이 상황에서는 어색한 표현입니다.

🔍 '껴안다'의 여러 가지 단어들

- hug: V.(가장 일반적인 표현) '포옹하다, 껴안다'
- cuddle: V.(아이 또는 연인에서 정겹게) '끌어안다, 쓰다듬다'
- embrace: V.(주로 만나거나 헤어질 때) '가볍게 껴안다'
- give SB a bear hug: V '꼭 끌어안다'

무의식적으로: unconsciously

▶ **Revision**

| Guideline for Revision |

표시 Native Speaker가 거의 이해하기 힘든 안 좋은 표현
표시 Native Speaker가 이해는 하지만 어색한 표현
표시 표현을 사용할 수는 있지만 더 좋은 표현 추천

▶ 내가 어젯밤에 술 먹고 무의식적으로 너한테 전화를 걸었던 것 같은데 맞니? "응. 네가 전화해서 열창했잖아. 완전 놀랄 만한 공연이었어. 하하."

> **어색한 문장** I called you without conscious while I was drunk last, didn't I? "Yea, you called me and sang hard. It was an amazing performance haha."

> **Native** I called you unconsciously while I was drunk last, didn't I? "Yea, you called me and sang your heart out. It was a jaw dropping performance haha."

열창하다: sing your heart out
입을 딱 벌리게 만드는: jaw-dropping
입을 크게 벌리다: jaw drop

 의식: consciousness
잠재의식: subconsciousness
피해 의식: victim mentality

(굳이) 반론을 하자면:
to play devil's advocate

▶ **Revision**

| Guideline for Revision |

표시 Native Speaker가 거의 이해하기 힘든 안 좋은 표현
표시 Native Speaker가 이해는 하지만 어색한 표현
표시 표현을 사용할 수는 있지만 더 좋은 표현 추천

▶ 이번에 네가 만든 랩은 가사가 귀에 쏙쏙 꽂힌다! 굳이 반론을 하자면 멜로디가 약간 진부하긴 한데 말이야.

어색한 문장 The rap song you composed this time has good lyrics! But to oppose your opinion, the melody is a little boring.

Native The rap song you composed this time has catchy lyrics! But to play the devil's advocate, the melody is a little corny.

귀에 쏙쏙 꽂히는: catchy
진부한: corny

변명하자면: in my defense

▶ Revision

| Guideline for Revision |

표시 Native Speaker가 거의 이해하기 힘든 안 좋은 표현
표시 Native Speaker가 이해는 하지만 어색한 표현
표시 표현을 사용할 수는 있지만 더 좋은 표현 추천

▶ 이번 일을 변명하자면 너를 위해서 선의의 거짓말을 한 거야. 그 얘기를 들으면 너는 또 울컥해서 눈물을 보일 거 아니야.

어색한 문장 To tell an excuse, I told a lie for you. You would've gotten sad and shed tears if you had heard it.

Native In my defense, I told a white lie for you. You would've gotten emotional and shed tears if you had heard it.

울컥하다, 짠하다: get emotional

 엉엉 울다: cry SB's heart out
(슬픔이나 복받치는 감정으로 조용하고 오랫동안) 울다: weep
눈물을 머금고: with tearful eyes
ex) 남자친구가 눈물을 머금고, 나를 뒤돌아 봤어요
He turned to look at me with tearful eyes

변함없이, 예외 없이: invariably (인베리어블리)

▶ Revision

Guideline for Revision

| 표시 | Native Speaker가 거의 이해하기 힘든 안 좋은 표현
| 표시 | Native Speaker가 이해는 하지만 어색한 표현
| 표시 | 표현을 사용할 수는 있지만 더 좋은 표현 추천

▶ 저는 1년에 한 번은 변함없이 설악산으로 여행을 갑니다. 그곳에 단풍을 구경하기 좋은 아담한 곳이 있어요. 여행할 때마다 찾는 곳이죠.

> **어색한 문장** Without change, I take a trip to Mt. Seolak once a year. There's a small place where I can enjoy the fall leaves. I always go there for traveling.

> **Native** Invariably, I take a trip to Mt. Seolak once a year. There's a little place where I can enjoy the fall leaves. That's my go-to place for travelling.

go-to (명사): 늘 찾는, 항상 선택하는 것들을 표현할 때 사용합니다.

여기가 산책할 때마다 찾는 공원이야
That's my go-to park for taking a walk

바쁠 땐 항상 점심으로 라면을 먹어
라면 is my go-to lunch when I'm busy

다니엘은 영어가 필요할 때 꼭 찾아가는 선생님이에요
Daniel is the go-to teacher for English

Small과 little의 차이점

Small은 감정이 없는, 크기가 '작다'입니다. ex) 작은 집: a small house
Little은 감정이 담겨 있습니다. ex) 아담한 집: a little house

부분적으로, 어느 정도의: partly

▶ **Revision**

| Guideline for Revision |
표시 Native Speaker가 거의 이해하기 힘든 안 좋은 표현
표시 Native Speaker가 이해는 하지만 어색한 표현
표시 표현을 사용할 수는 있지만 더 좋은 표현 추천

▶ 이번 프로젝트 실패는 나에게도 어느 정도의 책임이 있지. 하지만 협력사가 협조를 안 했기 때문에 우리는 강경한 태도를 취해야 해.

어색한 문장 I'm partially responsible for the failed project. However, we must take a strong stand against the partner company because they didn't cooperate well.

 Native I'm partly responsible for the failed project. However, we must play hardball with the partner company because they didn't cooperate well.

(SB)에게 강경한 태도를 취하다(세게 나가다): play hardball with (SB)

주의) partially (팔셜리)도 'partly'와 같은 뜻입니다. 하지만 회화에서 'partly'보다는 자주 쓰이지 않고, 주로 신체적인 조건에서 사용됩니다.

ex) 친구가 사실 장애인이라, 제가 도와줘야 해요. 앞을 잘 못 보거든요.
In fact, my friend is physically challenged, so I should give him a hand. He's partially blind.

분명히 말하는데: for the record

▶ **Revision**

Guideline for Revision

- 표시 Native Speaker가 거의 이해하기 힘든 안 좋은 표현
- 표시 Native Speaker가 이해는 하지만 어색한 표현
- 표시 표현을 사용할 수는 있지만 더 좋은 표현 추천

▶ 분명히 말하는데, 시간이 아무리 애매해도, 이 사건은 내가 처리할 거야. "너 이 사건에 너무 안달 난 것 같은데."

> **어색한 문장** I'm saying clearly. I'll be responsible for this case even if the time is vague. "I think you're so excited about the case."

> **Native** For the record, I'll be responsible for this case even if it's an iffy time. "I think you're getting antsy about the case."

시간이 애매하다: it's an iffy time

안달 나다: get antsy (앤씨)

분명히 말하는데(다른 예문): for the record

▶ Revision

Guideline for Revision

표시 Native Speaker가 거의 이해하기 힘든 안 좋은 표현
표시 Native Speaker가 이해는 하지만 어색한 표현
표시 표현을 사용할 수는 있지만 더 좋은 표현 추천

▶ 분명히 말하는데, 이미 지나간 일을 또 말해야 하니? 네가 화난 건 알겠지만 이건 너무 심하잖아.

> **어색한 문장** I'm telling surely, it's past, but must you repeat this over and over? I understand that you're mad, but that's so harsh.

> **Native** For the record, it's water under the bridge, but must you repeat this over and over? I understand that you're mad, but that's so harsh.

다 지난 일이야: it's water under the bridge
너무 심하다: that's so harsh

92 내 영어에는 풍부함이 있다

분위기에: in the air

▶ Revision

Guideline for Revision
표시 Native Speaker가 거의 이해하기 힘든 안 좋은 표현
표시 Native Speaker가 이해는 하지만 어색한 표현
표시 표현을 사용할 수는 있지만 더 좋은 표현 추천

▶ 코스모스가 핀 것을 보니 가을 분위기가 확 느껴진다. 이번에 부모님과 좋은 곳으로 여행 갈 계획을 잡아야겠어.

> **어색한 문장** > By looking at cosmos blossoming, I can feel the fall atmosphere. I should make a plan to travel to good places with my parents.

> **Native** > By looking at cosmos blossoming, I can feel the fall in the air. I should make a plan to travel to good places with my parents.

> **참고** 벌써 봄이 왔어: spring has settled in already
> 단풍 구경 가다: go leaf-peeping
> 단풍이 절정이야: fall foliage peaks
> 춘곤증: spring fever

분풀이로:
out of spite

▶ Revision

Guideline for Revision
- 표시 Native Speaker가 거의 이해하기 힘든 안 좋은 표현
- 표시 Native Speaker가 이해는 하지만 어색한 표현
- 표시 표현을 사용할 수는 있지만 더 좋은 표현 추천

▶ 우리 집 강아지는 분풀이로 인형을 마구 물어뜯더라. 그렇지만 그 행동은 강아지 이빨의 치석을 제거하기도 한대.

> **✗ 어색한 문장** My dog wildly bites a doll because of anger. But I heard doing that removes scaling from the teeth.

> **❗ Native** My dog wildly bites a doll out of spite. But I heard doing that removes tartar from the teeth.

치석: tartar (탈덜)

참고 (SB)에게 화풀이하다: take it out on (SB)
부러워서: out of envy
호기심에: out of curiosity (큐리아서리)
무안해서: out of embarrassment
답답해서: out of frustration

상대적으로: relatively (렐러티브리)

▶ Revision

| Guideline for Revision |

표시 Native Speaker가 거의 이해하기 힘든 안 좋은 표현
표시 Native Speaker가 이해는 하지만 어색한 표현
표시 표현을 사용할 수는 있지만 더 좋은 표현 추천

▶ 상대적으로 너는 또래 애들보다 조심성도 없고 남자처럼 다닐뿐더러 아무데나 털썩 앉으니 바지가 항상 더럽지!

✗ 어색한 문장 > By comparing to others, you're more careless than peers and go around acting like a man. No wonder your pants are always dirty because you always sit suddenly on anywhere.

❗ Native > Relatively, you're more careless than your peers and go around acting like a man. No wonder your pants are always dirty because you slump on anywhere!

털썩 앉다: slump on

> **참고** (당겨, 자리를 좁혀) 앉다: scoot over
> (다리를 꼬고) 앉다: sit with SB's legs crossed
> (똑바로) 앉다: sit straight

서면으로:
in writing

▶ Revision

| Guideline for Revision |

표시 Native Speaker가 거의 이해하기 힘든 안 좋은 표현
표시 Native Speaker가 이해는 하지만 어색한 표현
표시 표현을 사용할 수는 있지만 더 좋은 표현 추천

▶ 구두계약은 효력이 없으니 서면계약으로 진행하셔야 합니다. "역시 허를 찌르는 변호사님의 답변 감사합니다."

> **어색한 문장** You must proceed with the contract in letter because verbal agreement is not valid. "Thank you for your answer that makes me surprise."

> **Native** You must proceed with the contract in writing because verbal agreement is not valid. "Thank you for your answer that catches me off guard always."

(SB)에게 허를 찌르다: catch SB off guard

참고 구두로: verbally

선착순으로:
on a first come first served basis

▶ **Revision**

| Guideline for Revision |

표시 Native Speaker가 거의 이해하기 힘든 안 좋은 표현
표시 Native Speaker가 이해는 하지만 어색한 표현
표시 표현을 사용할 수는 있지만 더 좋은 표현 추천

▶ 선착순으로 사은품을 준다고 해서 새벽부터 기다렸는데 내 차례에서 끊겼어. 정말 개고생했어.

> **어색한 문장** The free gifts were being given out for people who came earlier. So I've been waiting in line ever since the dawn and it got cut off just before it was my turn. It really gave me a hard time.

> **Native** The free gifts were being given out on a first come first served basis. So I've been waiting in line ever since the dawn and it got cut off just before it was my turn. It really put me through hell.

(곤경, 불쾌한 일 등을) 겪게 하다, 개고생시키다: put me through hell

참고 산전수전 다 겪다: be through every hardship

설마 ~하는 건 아니지?: Don't you tell me that S V?

▶ Revision

| Guideline for Revision |
표시 Native Speaker가 거의 이해하기 힘든 안 좋은 표현
표시 Native Speaker가 이해는 하지만 어색한 표현
표시 표현을 사용할 수는 있지만 더 좋은 표현 추천

▶ 네가 먹보인 건 아는데, 설마 초코파이를 또 먹으려는 건 아니지? 1년 전까지만 하더라도 너 정말 날씬했었는데…. 어쩌다가 이렇게 됐니?

> 어색한 문장 〉 I know that you're such a big eater, but are you going to eat 초코파이 again? A year ago, you were so slim. What's going on?

> Native 〉 I know that you're such a glutton, but don't you tell me that you're going to eat 초코파이 again? Until a year ago, you were so slim. What's going on?

먹보: glutton (글라튼)
불과 (시간) 전까지만 해도: until 시간 ago
ex) 설마 오늘도 땡땡이친 거 아니지?
　　Don't you tell me that you skipped class today again?

세상에서: 최상급(the most, 형용사est) + alive

▶ **Revision**

| Guideline for Revision |

표시 Native Speaker가 거의 이해하기 힘든 안 좋은 표현
표시 Native Speaker가 이해는 하지만 어색한 표현
표시 표현을 사용할 수는 있지만 더 좋은 표현 추천

▶ 그녀는 이 세상에서 가장 인기 있는 수영 강사일 거야. 너무 예쁘고 잘 가르쳐. "그래서 배워 보니깐 어때?"

> **어색한 문장** She's the most popular swimming instructor in the world. She's pretty and teaches me how to swim so well. "How do you feel about leaning it?"

> **Native** She's the most popular swimming instructor alive. She's pretty and teaches me how to swim so well. "What's it like learning it?"

해 보니깐 어때? ~은 어떤 기분이야? What's it like Ving 또는 to V
ex) 결혼하니까 어때? What's it like to be married?
  그 애랑 일해 보니깐 어때? What's it like to work with him?

> **참고** 그 시험은 어땠어? How was the test?
>   그 시험은 어떻게 됐어? How did the test go?
>   데이트는 어떻게 돼 가고 있어? How is the date going?

속속들이:
through and through

▶ Revision

Guideline for Revision
표시 Native Speaker가 거의 이해하기 힘든 안 좋은 표현
표시 Native Speaker가 이해는 하지만 어색한 표현
표시 표현을 사용할 수는 있지만 더 좋은 표현 추천

▶ 너의 표정만 봐도 속속들이 알 수 있어. 너 지금 몸은 여기 있는데 마음은 딴 데 가 있지?

 어색한 문장 ⟩ Just by looking at your facial expression, I can see how you are feeling totally. Your body is here, but your mind is not here.

Native ⟩ Just by looking at your facial expression, I can see how you're feeling through and through. You're here in body, but not in spirit.

몸은 여기 있지만 맘은 딴 데 있다:
You're here in body, but not in spirit.
ex) 그 애는 속속들이 한국 사람이야
He's a Korean through and through

순서대로:
in regular sequence

▶ Revision

Guideline for Revision

표시 Native Speaker가 거의 이해하기 힘든 안 좋은 표현
표시 Native Speaker가 이해는 하지만 어색한 표현
표시 표현을 사용할 수는 있지만 더 좋은 표현 추천

▶ 일을 순서대로 해야지, 언제까지 내가 너 뒤치다꺼리를 해야 돼. 이제 너도 앞가림할 때 됐잖아.

> **어색한 문장** You should do it in order. Until when will you make me clean up your mess? It's time for you to be independent.

> **Native** You should do it in regular sequence. Until when will you make me clean up your mess? It's time for you to pay your way.

앞가림하다: pay SB's way

> **참고** (하기 싫은 일 또는 피할 수 없는 일) 이를 악물고 하다: bite the bullet
> ex) 어쩔 수 없잖아. 이를 악물고 참고 하기로 했어 I have no choice. I've decided to bite the bullet

순조롭게 (1): with ease

▶ Revision

Guideline for Revision
- 표시 Native Speaker가 거의 이해하기 힘든 안 좋은 표현
- 표시 Native Speaker가 이해는 하지만 어색한 표현
- 표시 표현을 사용할 수는 있지만 더 좋은 표현 추천

▶ 비록 내가 가방끈은 짧지만 실력 하나로 이 분야에서 순조롭게 성공할 수 있게 되었어.

> **어색한 문장** Although I didn't get educated enough, I was able to succeed in the area easily only because of my ability.

> **Native** Although I'm poorly educated, I was able to succeed in the area with ease only because of my ability.

가방끈이 짧다: I'm poorly educated

순조롭게 (2): readily

▶ Revision

| Guideline for Revision |
표시 Native Speaker가 거의 이해하기 힘든 안 좋은 표현
표시 Native Speaker가 이해는 하지만 어색한 표현
표시 표현을 사용할 수는 있지만 더 좋은 표현 추천

▶ 네가 필요하다던 논문은 순조롭게 구할 수 있어. 그런데 삿대질까지 하면서 나한테 구해 오라고 하는 건 아니지.

> 어색한 문장 > I can easily get the thesis you need. But you shouldn't be pointing at me when you're asking me for a favor.

> Native > I can readily get the thesis you need. But you shouldn't be pointing your finger at me when you're asking me for a favor.

(SB)에게 삿대질하다: point your finger at (SB)

> 참고 > 극혐, 불만거리, 짜증 나는 행동 또는 사람: pet peeve
> ex) 저울질하는 남자 정말 극혐이야: My pet peeve is men who weigh women

술기운에:
Under the influence of liquor

▶ Revision

Guideline for Revision

표시 Native Speaker가 거의 이해하기 힘든 안 좋은 표현
표시 Native Speaker가 이해는 하지만 어색한 표현
표시 표현을 사용할 수는 있지만 더 좋은 표현 추천

▶ 너 지금 술기운에 나한테 터무니없는 걸 요구하네. 그렇게 큰돈을 어떻게 빌려 달라는 거니?

> **어색한 문장** After you got drunk, you're asking me for something impossible. How do you expect me to lend you such a big amount of money?

> **Native** Under the influence of liquor, you're asking for the moon. How do you expect me to lend you such a big amount of money?

(힘들거나 불가능한 일을) 요구하다: ask for the moon

> **참고** 약 기운에: under the influence of medicine

습관적으로:
out of habit

▶ **Revision**

Guideline for Revision
- 표시 Native Speaker가 거의 이해하기 힘든 안 좋은 표현
- 표시 Native Speaker가 이해는 하지만 어색한 표현
- 표시 표현을 사용할 수는 있지만 더 좋은 표현 추천

▶ 미성년자인 내 아들이 습관적으로 담배를 피운다는 사실을 고백했어요. 그게 너무 속상해요.

어색한 문장 > My son who is underage **confessed** that he has smoked **by habit**. That makes me so upset.

Native > My son who is underage came clean that he has smoked out of habit. That makes me so upset.

(STH)을 (SB)에게 실토하다, 고백하다:
come clean with SB about STH

주의) Confess는 '고백하다, 자백하다'라는 표현으로 많이 사용하지만, 다소 무거운 느낌과 함께 부담감을 줄 수 있는 단어입니다.

참고 > 털어서 먼지 안 나는 사람 없어 everyone has a skeleton in his closet

실례가 안 된다면, 폐가 안 된다면: if it's not too much trouble

▶ Revision

Guideline for Revision

표시 Native Speaker가 거의 이해하기 힘든 안 좋은 표현
표시 Native Speaker가 이해는 하지만 어색한 표현
표시 표현을 사용할 수는 있지만 더 좋은 표현 추천

▶ 지금 시간대의 지하철은 지옥철이라서, 실례가 안 된다면, 저 좀 집까지 태워다 주실 수 있나요? 제가 다음에 꼭 식사 대접할게요. 맛집 한 군데 찾았거든요.

 어색한 문장 〉 The subway is so crowded now, so if you are ok, can you give me a ride home? I'll treat you to a meal. I found a good restaurant.

Native 〉 The subway is jam-packed now, so if it's not too much trouble, can you give me a ride home? I'll treat you to a meal. I found a-hole-in-the-wall.

지옥철: jam-packed subway
맛집(주로 허름한 좁은 가게): a-hole-in-the-wall

아까: earlier

▶ Revision

Guideline for Revision
- 표시 Native Speaker가 거의 이해하기 힘든 안 좋은 표현
- 표시 Native Speaker가 이해는 하지만 어색한 표현
- 표시 표현을 사용할 수는 있지만 더 좋은 표현 추천

▶ 핸드폰 잃어버린 주인을 찾아 줘야 하는데, 아까 이 폰으로 전화가 왔었어? "에이~ 주운 사람이 임자죠."

> **어색한 문장** I have to return the found phone to its owner. Did the phone ring before? "Nah~ anyone who took it is an owner."

> **Native** I have to return the found phone to its owner. Did the phone ring earlier? "Nah~ finders keepers, losers weepers."

주운 사람이 임자지: finders keepers, losers weepers

아무렇지도 않게:
like it was nothing

▶ Revision

| Guideline for Revision |
표시 Native Speaker가 거의 이해하기 힘든 안 좋은 표현
표시 Native Speaker가 이해는 하지만 어색한 표현
표시 표현을 사용할 수는 있지만 더 좋은 표현 추천

▶ 교수님 선물을 산다고 나에게 돈을 보태라고 했거든? 그래서 돈을 줬는데, 알고 봤더니 자기 구두를 산 거야. 그리고 그다음 날에 아무렇지도 않게 나에게 인사를 하더라. 정말 낯짝 두꺼운 거 아냐?

> 어색한 문장 > He asked me to give him money for the professor's present, so I gave some money to him. But it turned out that he had bought a pair of shoes. The next day, he greeted me pretending not to know it. He has thick face.

> Native > He asked me to pitch in for the professor's present, so I gave some amount of money to him. But it turned out that he had bought a pair of shoes. The next day, he greeted me like it was nothing. He's as bold as brass.

낯짝 두껍다: SB is as bold as brass
(돈을) 보태다: pitch in

🔍 as as 비유 표현들

- Be as hungry as a bear: 몹시 배고프다
- Be as sick as a dog: 몹시 몸이 아프다
- Be as cool as a cucumber: 대단히 침착하다
- Be as busy as a bee: 매우 바쁘다
- Be as cunning as a fox: (여우처럼) 아주 교활하다
- Be as easy as pie: (파이를 먹는 것만큼) 아주 쉽다
- Be as cheap as dirt: 아주 싸다
- Be as light as feather: (깃털처럼) 아주 가볍다
- Be as brave as a lion: 아주 용감하다
- Be as strong as an ox: (황소처럼) 힘이 아주 세다
- Be as pretty as a picture: (사진처럼) 아주 예쁘다
- Be as ugly as sin: 아주 추하다
- Be as quite as a mouse: 아주 조용하다

아주 가끔, 드물게: once in a blue moon

▶ Revision

Guideline for Revision

표시 Native Speaker가 거의 이해하기 힘든 안 좋은 표현
표시 Native Speaker가 이해는 하지만 어색한 표현
표시 표현을 사용할 수는 있지만 더 좋은 표현 추천

▶ 아주 가끔 그 친구를 이상적인 애인으로 생각한 적은 있지만 그게 다야. 그냥 친구로서의 감정일 뿐 그 이상도 그 이하도 아니야.

> ✱ 어색한 문장 > I thought of him as an ideal boyfriend qualification sometimes, but that's all. It's just friendship, no more no less.

> Native > I thought of him as an ideal boyfriend material once in a blue moon, but that's all. It's just friendship, no more no less.

감이야: 명사 material

ex) 그 애는 정말 좋은 리더감이야
He's such a good leader material

이상도 이하도 아니야: no more no less

> 참고 가끔, 이따금('once in a blue moon'보다는 뜻이 약합니다): once in a while

알고 보니까: as it turns out

▶ Revision

| Guideline for Revision |
표시 Native Speaker가 거의 이해하기 힘든 안 좋은 표현
표시 Native Speaker가 이해는 하지만 어색한 표현
표시 표현을 사용할 수는 있지만 더 좋은 표현 추천

▶ 기상예보를 보니까 날씨가 화창하다고 하더라. 아! 알고 보니까 내일 날씨를 보고 있었네.

> 어색한 문장 > The forecast said that weather is going to be good today. Oh! After knowing it, I was looking at the weather forecast for tomorrow.

> Native > The forecast said that weather is going to be pleasant today. Oh! As it turned out, I was looking at the weather forecast for tomorrow.

화창한: pleasant

> 참고 (날씨가) 맑은: clear
> (날씨가) 흐린: cloudy
> (날씨가) 쌀쌀한: chilly
> (날씨가) 바람이 많이 부는: windy
> 찌는 듯이 더운: sizzling hot
> 비가오나 눈이오나, 날씨에 관계없이: rain or shine
> ex) 비가 오나 눈이 오나, 난 출근해야 해:
>   rain or shine, I should go to work.

앞뒤로:
inside out

▶ **Revision**

Guideline for Revision

표시 Native Speaker가 거의 이해하기 힘든 안 좋은 표현
표시 Native Speaker가 이해는 하지만 어색한 표현
표시 표현을 사용할 수는 있지만 더 좋은 표현 추천

▶ 강풍 때문에 우산이 앞뒤로 뒤집어졌어. "커피숍에서 차를 한잔하고 괜찮아지면 나가자."

> **✗ 어색한 문장** My umbrella got turned in front because of a strong wind. "Let's drink a tea at the coffee shop until it disappears."

> **❗ Native** My umbrella got turned inside out because of a strong wind. "Let's have a cup of tea at the coffee shop until it disappears."

차를 한잔하다: have a cup of tea

> **참고** 술을 한잔하다: have a drink
> 식사하다: have a meal

앞으로 수년간: for years to come

▶Revision

Guideline for Revision

표시 Native Speaker가 거의 이해하기 힘든 안 좋은 표현
표시 Native Speaker가 이해는 하지만 어색한 표현
표시 표현을 사용할 수는 있지만 더 좋은 표현 추천

▶ 앞으로 수년간 너의 생일을 잊지 않고 꼭 챙길게. 까먹어서 정말 미안하고 늦었지만 생일 축하해.

> **어색한 문장** I won't forget about your birthday for future years. I'm so sorry for forgetting about it and although it's late, happy birthday!

> **Native** I won't forget about your birthday for years to come. I'm so sorry for forgetting about it and happy belated birthday!

늦었지만 생일 축하해: happy belated birthday
미리 축하해: happy early birthday

> **참고** 앞으로 며칠간: for days to come
> 앞으로 몇 주간: for weeks to come
> 앞으로 몇 달간: for months to come

애석하게도:
to SB's sorrow

▶ Revision

| Guideline for Revision |

표시   Native Speaker가 거의 이해하기 힘든 안 좋은 표현
표시   Native Speaker가 이해는 하지만 어색한 표현
표시   표현을 사용할 수는 있지만 더 좋은 표현 추천

▶ 일주일 전부터 독감에 걸려서 엄청 고생하다가 애석하게도 시험을 망치고 말았어. 건강관리를 철저히 하지 못한 내 잘못이지.

> 어색한 문장 ⟩ I was suffering from flu since a week ago and sadly, I messed up the test. It's my fault for not taking care of my health.

> Native ⟩ I was suffering from flu since a week ago and to my sorrow, I bombed the test. It's my fault for not taking care of my health.

시험을 망치다: bomb the test

> 참고 ⟩ 시험을 잘 치다: ace the test

애정의 징표로서: as a token of my affection

▶ Revision

Guideline for Revision

표시 Native Speaker가 거의 이해하기 힘든 안 좋은 표현
표시 Native Speaker가 이해는 하지만 어색한 표현
표시 표현을 사용할 수는 있지만 더 좋은 표현 추천

▶ 애정의 징표로서 내가 가장 중요하게 여기는 고객 DB를 너에게 넘겨줄게. 이제 네가 그걸 받았으니 남들보다 우위를 점하게 될 거야.

> 어색한 문장 > I'll hand you over the client DB who I cherished the most as a mark of my love. Now you'll have better position than everyone.

> Native > I'll hand you over the client DB who I cherished the most as a token of my affection for you. Now you'll have upper hand over everyone.

우위를 점하다: have upper hand

참고 주도권, 결정을 잡다: wear the pants
총대를 매다: carry the ball
칼자루를 쥐고 있다: have the whip hand

애초에:
in the first place

▶ Revision

Guideline for Revision

표시 Native Speaker가 거의 이해하기 힘든 안 좋은 표현
표시 Native Speaker가 이해는 하지만 어색한 표현
표시 표현을 사용할 수는 있지만 더 좋은 표현 추천

▶ 애초에 그 애랑 사귀지 말라고 엄마가 몇 번이나 말했니? 역시나 이름값을 한다고 주위에 여자들이 얼마나 많니.

> 어색한 문장 How many times did I tell you not to go out with him from start? He has a lot of girls around him because he is on a roll.

> Native How many times did I tell you not to go out with him in the first place? He has a lot of girls around him because he lives up to his name!

참고 이름값을 하다: live up to the name
얼굴값을 하다: live up to the look
SB의 기대에 부응하다: live up to SB's expectation

어느 정도는: to some degree

▶ **Revision**

Guideline for Revision

표시 Native Speaker가 거의 이해하기 힘든 안 좋은 표현
표시 Native Speaker가 이해는 하지만 어색한 표현
표시 표현을 사용할 수는 있지만 더 좋은 표현 추천

▶ 우리나라는 안전 불감증이 심한 것 같아. 어느 정도는 경각심을 가지고 예방을 해야 사건이 발생해도 인명 피해를 줄일 수 있을 텐데 말이야.

> 어색한 문장 > I think safety ignorance is serious in this country. Being careful sometimes would really help reduce people's damage when accidents happen.

> Native > I think safety ignorance is serious in this country. Having awareness to some degree would really help reduce casualties when accidents happen.

인명 피해: casualties   사망: dead   실종: missing

ex) 캘리포니아에서 산불 화재가 터졌어요(발생했어요). 인명 피해는 사망 5명, 실종 3명으로 공식 집계되었어요
Forest fire broke out in California. The official number of casualties is 5 dead and 3 missing

어떤 의미에서는:
in a sense

▶ **Revision**

Guideline for Revision

표시 Native Speaker가 거의 이해하기 힘든 안 좋은 표현
표시 Native Speaker가 이해는 하지만 어색한 표현
표시 표현을 사용할 수는 있지만 더 좋은 표현 추천

▶ 여유롭게 사는 사람들이 모두 행복한 건 아냐. 어떤 의미에서는 불행할 수도 있어.

> 어색한 문장 〉 Not all people who have a lot of money are happy. In other words, they can be unhappy.

> Native 〉 Not all people who live on easy street are happy. In a sense, they can be unhappy.

여유롭게 살다: live on easy street

> 참고 입에 풀칠하다: live from hand to mouth
> 밥벌이를 하다: bring home the bacon
> 자수성가한 사람: self-made man

어떻게 보면: in some way

▶ **Revision**

Guideline for Revision
표시 Native Speaker가 거의 이해하기 힘든 안 좋은 표현
표시 Native Speaker가 이해는 하지만 어색한 표현
표시 표현을 사용할 수는 있지만 더 좋은 표현 추천

▶ 어떻게 보면 지금 여기서 등반을 중단하는 게 나을 것 같아. 지금 너무 추워서 입김이 나와.

> **어색한 문장** Considering it from other perspective, I think it would be better to stop hiking at this point. It's so cold now that I can see my cold air.

> **Native** In some way, I think it would be better to stop hiking at this point. It's so cold now that I can see my breath.

입김이 나오다: see SB's breath

참고 (STH)에 입김을 불다: blow SB's breath on(STH)
입김이 세다(실세다): be influential (인플루 엔셜)
나름대로: in SB's own way
ex) 그녀는 나름대로 귀여워 she's cute in her own way

어쩌다 보니 그렇게 됐어:
One thing led to another and S+V

▶ Revision

| Guideline for Revision |

표시 Native Speaker가 거의 이해하기 힘든 안 좋은 표현
표시 Native Speaker가 이해는 하지만 어색한 표현
표시 표현을 사용할 수는 있지만 더 좋은 표현 추천

▶ 어쩌다 보니 이번 결정에 맞장구를 쳐줬는데, 결과가 이렇게 나올 줄은 꿈에도 몰랐어. 이건 정말 신의 한수야.

❌ 어색한 문장 〉 I just agreed with the decision, but I never thought it would be like this. This is a big change.

❗ Native 〉 One thing led to another and I chimed in with the decision, but I never thought it would be like this. This is a game-changer.

맞장구치다: chime in (챠임)
신의 한 수(상황 전개를 바꿔 놓는 사람, 아이디어, 또는 사건): game-changer

참고 ▶ 외통수, 완전히 패배한 상황: checkmate

언제부터인가: at some point

▶ **Revision**

Guideline for Revision
- 표시 Native Speaker가 거의 이해하기 힘든 안 좋은 표현
- 표시 Native Speaker가 이해는 하지만 어색한 표현
- 표시 표현을 사용할 수는 있지만 더 좋은 표현 추천

▶ 전에는 너 정말 칠칠맞았는데, 언제부터인가 너는 내가 하는 말을 다 이해하는 것 같아. 정말 말귀가 밝은 것 같아.

어색한 문장 > You used to be clumsy, but I think you began to understand everything I say someday. I think you understand what I am saying so quickly.

Native > You used to be clumsy, but I think you began to understand everything I say at some point. I think you catch on really quick.

너 칠칠맞아: You're clumsy (클럼지)
말귀가 밝다: catch on quick

여러모로:
in many ways

▶ Revision

| Guideline for Revision |
| 표시 Native Speaker가 거의 이해하기 힘든 안 좋은 표현
| 표시 Native Speaker가 이해는 하지만 어색한 표현
| 표시 표현을 사용할 수는 있지만 더 좋은 표현 추천

▶ 이 모자는 여러모로 활용하기 좋은 아이템 같아. "그래. 근데 지금 입은 옷이랑은 너무 깔 맞춤이다."

어색한 문장 〉 I think this hat is useful a lot. "Yeah it looks great with what you're wearing."

 Native 〉 I think this hat is useful in many ways. "Yeah it looks matchy-matchy with what you're wearing."

깔 맞춤이다: look matchy-matchy

옛날에: back in the days

▶ Revision

Guideline for Revision

표시 Native Speaker가 거의 이해하기 힘든 안 좋은 표현
표시 Native Speaker가 이해는 하지만 어색한 표현
표시 표현을 사용할 수는 있지만 더 좋은 표현 추천

▶ "옛날에 너 옷 잘 입는다는 소리를 많이 들었었는데 여전하구나!" "네가 그런 말을 해 주니 기분이 너무 좋은데!"

어색한 문장 "Long time ago, people used to tell you that you dress really well and you're still the same!" "Your praise makes me happy."

Native "Back in the days, people used to tell you that you dress well and you're still the same!" "Your compliment is putting me on cloud 9."

🔍 **기분이 아주 좋을 때 쓰는 표현들**
- I'm on cloud 9
- I feel like I'm walking on air
- I sit on top of the world

참고 중학교 때: back in middle school
대학 시절 때: back in college

오늘부로:
as of today

▶ **Revision**

| Guideline for Revision |

표시   Native Speaker가 거의 이해하기 힘든 안 좋은 표현
표시   Native Speaker가 이해는 하지만 어색한 표현
표시   표현을 사용할 수는 있지만 더 좋은 표현 추천

▶ 오늘부로 너와 나는 완전 절교야. 너의 성생활이 그렇게 문란한 줄은 정말 몰랐다.

> **어색한 문장** You and I are done from today. I had no idea that you had an open sex-life.

> **Native** You and I are done as of today. I had no idea that you had a promiscuous sex-life.

성생활이 문란하다: have a promiscuous sex-life
(성생활이) 문란한: promiscuous (프러**미**스큐어스)

> **참고** 몸과 마음이 건전하다: be sound in body and mind

🔍 **as of (시간): (시간)부로의 표현들**
- 현 시간부로, 이 시간부터: as of this moment
- 내일부로: as of tomorrow
- 어제 아침부로: as of yesterday morning

오늘 중에: sometime during today

▶ **Revision**

| Guideline for Revision |

표시 Native Speaker가 거의 이해하기 힘든 안 좋은 표현
표시 Native Speaker가 이해는 하지만 어색한 표현
표시 표현을 사용할 수는 있지만 더 좋은 표현 추천

▶ 오늘 중으로 그 조련사에게 내 강아지 좀 맡겨 줄 수 있어? 요즘 너무 짖어서 길들이려면 전문가에게 맡겨야 할 것 같아.

✗ 어색한 문장 Until today, would you take my puppy to the trainer? She barks too much these days. I think it's better to leave her to the professional to get used to her.

🔊 Native Sometime during today, would you take my puppy to the trainer? She barks too much these days. I think it's better to leave her to the professional to break her in.

길들이다: break in

> 참고 내일 중에: sometime during tomorrow
> 오후 중에: sometime during afternoon
> 내년 중에: sometime during the following year

왔다 갔다 하는: back and forth

▶ Revision

Guideline for Revision

표시 Native Speaker가 거의 이해하기 힘든 안 좋은 표현
표시 Native Speaker가 이해는 하지만 어색한 표현
표시 표현을 사용할 수는 있지만 더 좋은 표현 추천

▶ 엄마는 아침마다 동생이 밥을 먹는지 안 먹는지 서성거리면서 지켜보셔. 동생은 아침을 깨작깨작 먹거나 거의 안 먹거든.

> **어색한 문장**〉 My mother walks here and there looking to see if my brother is eating or not. That's because he eats breakfast a little bit or sometimes eats nothing at all.

> **Native**〉 My mother walks back and forth looking to see if my brother is eating or not. That's because he picks at the breakfast or sometimes eats nothing at all every morning.

(음식을) 깨작깨작 먹다: pick at (food)

> 참고〉 음식을 잽싸게 만들다: whip up (음식)
> (음식) 간이 맞다: be well seasoned

요즘 같은 시대에서:
in this day and age

▶ Revision

| Guideline for Revision |

표시 Native Speaker가 거의 이해하기 힘든 안 좋은 표현
표시 Native Speaker가 이해는 하지만 어색한 표현
표시 표현을 사용할 수는 있지만 더 좋은 표현 추천

▶ 요즘 같은 시대에 코 성형은 기본으로 하는데 너는 안 해도 될 것 같아. 옆모습이 예쁜걸.

어색한 문장 Everyone gets a plastic surgery on their nose in this period but I don't think you need to because you have a pretty side view.

Native Everyone gets a plastic surgery on their nose in this day and age but I don't think you need to because you have a pretty profile.

옆모습: profile

참고 (SB/STH)는 시대를 잘 탔어: It's a perfect generation for (SB/STH)

우선, 먼저: for a start

▶Revision

| Guideline for Revision |
표시 Native Speaker가 거의 이해하기 힘든 안 좋은 표현
표시 Native Speaker가 이해는 하지만 어색한 표현
표시 표현을 사용할 수는 있지만 더 좋은 표현 추천

▶ 널 좋아해도 사귈 수는 없어. 우선, 나는 밤낮이 바뀐 네 스케줄에 맞추기가 힘들어.

> 어색한 문장 ▸ I cannot go out with you although I like you. First of all, your nights and days are changed, so it's so difficult to set my schedule for yours.

> Native ▸ I cannot go out with you although I like you. For a start, you have days and nights mixed up, so it's so difficult to arrange my schedule around you.

밤낮이 바뀌다: have(has) days and nights mixed up
내가 너의 스케줄에 맞추다: I arrange my schedule around you

원칙적으로: in principle

▶ Revision

Guideline for Revision

표시 Native Speaker가 거의 이해하기 힘든 안 좋은 표현
표시 Native Speaker가 이해는 하지만 어색한 표현
표시 표현을 사용할 수는 있지만 더 좋은 표현 추천

▶ 원칙적으로 면접은 자신의 생각을 면접관에게 솔직히 말해야 한다고 생각해. 그런데 긴장해서 말이 잘 안 나오는 경우가 다반사야.

> **어색한 문장** Originally, I think you need to be honest about your thought when being interviewed. But most of the time, I'm so nervous that I cannot talk well.

> **Native** In principle, I think you need to be honest about your thought when being interviewed. But most of the time, I'm so nervous that I become tongue-tied.

긴장해서 말이 잘 안 나오는: tongue-tied

은근슬쩍:
on the sly

▶ **Revision**

| **Guideline for Revision** |
| 표시 Native Speaker가 거의 이해하기 힘든 안 좋은 표현
| 표시 Native Speaker가 이해는 하지만 어색한 표현
| 표시 표현을 사용할 수는 있지만 더 좋은 표현 추천

▶ 그녀와 피크닉을 갔는데 은근슬쩍 내 손을 잡아서 얼마나 설레던지. 또 그녀가 싸 온 도시락은 어머니가 해 주신 음식처럼 그리운 옛 맛이었어.

 어색한 문장 ⟩ I went to picnic with her and when she held my hand little by little, I got so nervous. Also the lunch box she brought me tasted just like the missing taste my mom used to make for me.

🌶 Native ⟩ I went to picnic with her and when she held my hand on the sly, my heart was fluttering. Also the lunch box she brought me tasted just like the comfort food my mom used to make for me.

가슴이 설레다: my heart flutters
그리운 옛 맛: comfort food

| 참고 음식을 잽싸게 만들다: whip up (음식)

의외로: surprisingly

▶ **Revision**

| Guideline for Revision |
| 표시 Native Speaker가 거의 이해하기 힘든 안 좋은 표현
| 표시 Native Speaker가 이해는 하지만 어색한 표현
| 표시 표현을 사용할 수는 있지만 더 좋은 표현 추천

▶ 의외로 너는 외로움을 많이 타는구나? "응. 나 요새 들어서 봄 타고 있어."

 어색한 문장 ⟩ **Unlike what I expected**, you do get lonely a lot, don't you? "Yes. I **get very sensitive** in spring."

🖊 Native ⟩ Surprisingly, you do get lonely a lot, don't you? "Yes. I get sentimental in spring."

(계절)을 탄다: get sentimental in (계절)

> 참고 추위를 타다: be easily affected by the cold
> 더위를 타다: be easily affected by the heat

이런 말 해서 미안한데:
I hate to break it to you, but S V

▶ Revision

| Guideline for Revision |

표시 Native Speaker가 거의 이해하기 힘든 안 좋은 표현
표시 Native Speaker가 이해는 하지만 어색한 표현
표시 표현을 사용할 수는 있지만 더 좋은 표현 추천

▶ 이런 말 해서 미안한데 너도 준비할 것 같아서 말하는 거야. 내일 만나는 바이어는 우리 회사의 최대 주주이자 거물이야. "정말 새까맣게 몰랐어."

> **어색한 문장** ⟩ I am sorry to say that but I'm only telling you so you can be ready for it. The buyer we're meeting tomorrow is the biggest shareholder of our company. He's an important one. "I didn't know about him."

> **Native** ⟩ I hate to break it to you but I'm only telling you so you can be ready for it. The buyer we're meeting tomorrow is the biggest shareholder of our company. He's a big-timer. "I was in the dark about him."

거물: big-timer
(SB/STH)에 대해 새까맣게 모르다:
be in the dark about (SB/STH)

이론적으로: theoretically (띠어레릭컬리)

▶ Revision

Guideline for Revision

표시 Native Speaker가 거의 이해하기 힘든 안 좋은 표현
표시 Native Speaker가 이해는 하지만 어색한 표현
표시 표현을 사용할 수는 있지만 더 좋은 표현 추천

▶ 이론적으로, 이 약이 아무리 몸에 좋아도, 운동하지 않으면 말짱 도루묵이야!

> 어색한 문장 > This medicine is good for your health with theory, but it'll be useless if you don't exercise.

> Native > This medicine is good for you theoretically, but it'll be useless if you don't exercise.

주의) '몸에 좋다'는 의미의 'good for body' 또는 'good for health'는 좋은 표현이 아닙니다.

인가 뭔가:
or whatnot

▶Revision

Guideline for Revision
- 표시 Native Speaker가 거의 이해하기 힘든 안 좋은 표현
- 표시 Native Speaker가 이해는 하지만 어색한 표현
- 표시 표현을 사용할 수는 있지만 더 좋은 표현 추천

▶ 제 친구가 이번에 장난감인가 뭔가를 만든다고 하더라고요. 그런데 일 년에 3000만 원을 유지비로 토해 내야 한다는데 배보다 배꼽이 크지 않나요?

> 어색한 문장 > My friend told me that he's making a toy orsomething. But he has to pay 30000 dollars to maintain it, isn't it too much?

> Native > My friend told me that he's making a toy or whatnot. But he has to cough up 30000 dollars to maintain it, isn't it too much?

토해 내다: cough up

> 참고 공과 사를 구별하다: don't mix business with pleasure

일 년에 걸쳐:
over the course of a year

▶ **Revision**

| Guideline for Revision |

- 표시 Native Speaker가 거의 이해하기 힘든 안 좋은 표현
- 표시 Native Speaker가 이해는 하지만 어색한 표현
- 표시 표현을 사용할 수는 있지만 더 좋은 표현 추천

▶ 외할머니는 언제나 맛있는 음식을 해 주셔. 결국 나는 일 년에 걸쳐 10kg나 쪘어. 내일부터 몸을 만들 거야.

✗ 어색한 문장 ▶ My mother's mom always cooks great dishes for me. That's why I gained 10kg for a year. I'll make a body from tomorrow on.

Native ▶ My maternal grandmother always cooks great dishes for me. That's why I gained 10kg over the course of a year. I'll get in shape from tomorrow on.

🔍 over the course of 시간

- 하루 동안 걸쳐서: over the course of a day
- 수년에 걸쳐서: over the course of years

참고 시댁: in-laws
직계가족: immediate family
먼 친척: distant relative
외할머니: maternal grandmother (머**터**늘)
친할머니: paternal grandmother (퍼**터**늘)

일방적으로:
one-sidedly

▶ **Revision**

Guideline for Revision

표시   Native Speaker가 거의 이해하기 힘든 안 좋은 표현
표시   Native Speaker가 이해는 하지만 어색한 표현
표시   표현을 사용할 수는 있지만 더 좋은 표현 추천

▶ 이번 대회는 일방적으로 걔가 모든 경쟁자를 제치고 우승해 버렸네. "당연하지. 걔는 급이 달라!"

> **어색한 문장** He won this competition with one-way. "Of course, his level is different from others!"

> **Native** He won this competition one-sidedly. "Of course, he's in a different league!"

급이 달라: be in a different league

참고 흡수하다: soak up
　　ex) 스펀지가 물을 빨아 들였어요: The sponge soaked up the water
　　분위기/매 순간을 만끽하다: soak up the atmosphere/every second
　　ex) 술을 좋아하진 않아. 그냥 분위기를 만끽하는 거지 뭐
　　　　I don't like to drink. I just soak up the atmosphere.

입가심으로:
as a palate cleanser (팰러트)

▶ **Revision**

| **Guideline for Revision** |
표시 Native Speaker가 거의 이해하기 힘든 안 좋은 표현
표시 Native Speaker가 이해는 하지만 어색한 표현
표시 표현을 사용할 수는 있지만 더 좋은 표현 추천

▶ 입가심으로 디저트 좀 만들었는데 네가 만든 것보다 맛있다고 사람들이 칭찬하더라. 오기는 이제 그만 부리고 내가 너보다 요리 잘하는 걸 인정해.

어색한 문장 > I made some dessert for changing my mouth and people are complimenting me that it's better than the one you made. Stop showing off about it and admit that I'm a better cook than you.

Native > I made some dessert as a palate cleanser and people are complimenting me that it's better than the one you made. Stop being such sour grapes and admit that I'm a better cook than you.

저건 그냥 오기를 부리는 거야: that's just sour grapes
주의) 내가 오기를 부리다: I keep insisting

> 참고 성인 입맛: a palate of a grown-up
> 바로 이 맛이야: This really hits the spot
> 어린이 입맛, 초딩 입맛이야:
> I have a childish palate 또는 have a sweet tooth
> (STH)에 입맛을 들였다: have(has) acquired a taste for (STH)

자나 깨나:
whether I'm awake or asleep

▶ Revision

Guideline for Revision
- 표시 Native Speaker가 거의 이해하기 힘든 안 좋은 표현
- 표시 Native Speaker가 이해는 하지만 어색한 표현
- 표시 표현을 사용할 수는 있지만 더 좋은 표현 추천

▶ 나는 자나 깨나 너 생각만 해! "그만해! 나는 너와 만난 것을 악연이라고 생각한다고!"

어색한 문장 I always think of you as always! "Just stop! I think it's devil destiny that you and I met!"

Native I always think of you whether I'm awake or asleep! "Just stop! I think it's evil destiny that you and I met!"

악연: evil destiny

🔍 **연애 관련 표현**
- 남자답게 대시하다: man up
- 정떨어지게 하는 부분: deal-breaker
- 밀어붙이는: pushy
- 진도 어디까지 나갔니? How far did you go?
- 진도 나가다: make progress
- 결혼 전 동거하다: move in together
- 천생연분이야: we were meant to be together

(내가) 자랑하려는 건 아닌데: I don't mean to show off but

▶ Revision

Guideline for Revision

표시 Native Speaker가 거의 이해하기 힘든 안 좋은 표현
표시 Native Speaker가 이해는 하지만 어색한 표현
표시 표현을 사용할 수는 있지만 더 좋은 표현 추천

▶ 자랑하려는 건 아닌데 내 동생 말이야. 걔는 정신연령이 또래 애들보다 높은 것 같아.

> 어색한 문장 > I don't want to show off but my brother, I think his mental age is higher than people who are around his age.

> Native > I don't mean to show off but my brother, I think his mental age is higher than people his age.

정신 연령: mental age

참고 > 은근히 자랑하다, 겸손한 척하면서 잘난 체하다: humblebrag

자발적으로:
of SB's own free will

▶Revision

Guideline for Revision
표시 Native Speaker가 거의 이해하기 힘든 안 좋은 표현
표시 Native Speaker가 이해는 하지만 어색한 표현
표시 표현을 사용할 수는 있지만 더 좋은 표현 추천

▶ 그 미팅에 자발적으로 참여했는데, 열띤 토론 때문에, 물 한 모금도 마시지 못하고 눈치만 봤어.

> **어색한 문장** I participated in the meeting voluntary, but I just saw people's faces even without drinking water because of the hot discussion.

> **Native** I participated in the meeting of my own freewill, but I just walked on eggshells even without taking a sip of water because of the heated discussion.

열띤, 후끈 달아오른: heated
한 모금 마시다: take a sip of (STH)
눈치 보다: walk on eggshells

> 참고 한 입 먹다: take a bite of (STH)

자체만으로, 본질적으로: in itself

▶ Revision

| Guideline for Revision |

표시 Native Speaker가 거의 이해하기 힘든 안 좋은 표현
표시 Native Speaker가 이해는 하지만 어색한 표현
표시 표현을 사용할 수는 있지만 더 좋은 표현 추천

▶ 다리 근육이 땅기지만, 그 자체만으로도 좋은 경험이야. 내년에도 마라톤 대회에 참여하려고.

> **어색한 문장** Although my legs feel pulled, it's a good experience with itself. I'll take part in the marathon next year again.

> **Native** Although my legs feel tight, it's a good experience in itself. I'll take part in the marathon next year again.

다리 근육이 땅기다: my legs feel tight

> **참고** 어깨에 담이 왔어: I got stiff shoulders
> 목이 잘 뭉치다: my neck tenses up easily
> 얼굴이 땅겨: my face feels tight

작년 이맘때쯤: around this time last year

▶ **Revision**

Guideline for Revision
표시 Native Speaker가 거의 이해하기 힘든 안 좋은 표현
표시 Native Speaker가 이해는 하지만 어색한 표현
표시 표현을 사용할 수는 있지만 더 좋은 표현 추천

▶ 작년 이맘때쯤, 남자친구와 나는 행복한 시간을 보냈었는데, 만나는 횟수가 점점 줄어들더니 서서히 사이가 멀어지더라.

> **어색한 문장** Last year, I was spending such happy times with my boyfriend, but we started to meet less and our relationship became slowly far each other.

> **Native** Around this time last year, I was spending such happy times with my boyfriend, but we started to meet less and slowly grew apart.

> **참고** 이 시기에: around this time
> 1년 중 이맘때면: around this time of year
> 해마다 이맘때면: around this time every year

 관계에 대한 표현 1
- 사이가 서서히 멀어지다: slowly grow apart
- 사이가 어색하다(서먹해지다): feel awkward
- (SB)와 원만하게 해결하다: smooth things with SB
- (문제) 완화하다: alleviate (어리비에이트)

전반적으로, 대체로: on the whole

▶ Revision

| Guideline for Revision |
| 표시 | Native Speaker가 거의 이해하기 힘든 안 좋은 표현
| 표시 | Native Speaker가 이해는 하지만 어색한 표현
| 표시 | 표현을 사용할 수는 있지만 더 좋은 표현 추천

▶ 친구가 불러서 모임에 갔는데, 그곳에서 어떤 친구를 만나게 된 거야. 그 친구랑 대화를 하다 보니, 전반적으로 코드가 잘 맞더라고.

어색한 문장 I just got invited to a gathering by my friend and I got to meet someone there. After having some conversation, I realized we had same codes in general.

Native I just got invited to a gathering by my friend and I got to meet someone there. After having some conversation, I realized we were on the same wavelength on the whole.

코드가 잘 맞다: we're on the same wavelength

전해진 바에 의하면, 이른바: allegedly (어레지들리)

▶ **Revision**

Guideline for Revision
- 표시 Native Speaker가 거의 이해하기 힘든 안 좋은 표현
- 표시 Native Speaker가 이해는 하지만 어색한 표현
- 표시 표현을 사용할 수는 있지만 더 좋은 표현 추천

▶ 전해진 바에 따르면 우리 학과는 선배가 졸업하면 졸업 선물을 주는 것이 관례래. "어쩐지 애들이 얼마씩 걷어야 할지 눈치를 보더라."

 어색한 문장 > According to the rumor, our class has a tradition of giving a present to seniors who are graduating. "No wonder everyone was checking everyone's mind trying to figure out how much each of them has to pay."

Native > Allegedly, our class has a tradition of giving a present to seniors who are graduating. "No wonder everyone was walking on eggshells trying to figure out how much each of them has to pay."

(SB)의 눈치 보다: walk on eggshells around (SB)

> 참고 눈치가 빠르다: be quick-witted
> 눈치가 느리다: be slow-witted

정 안되면:
if you're in a pinch

▶ **Revision**

Guideline for Revision
표시 Native Speaker가 거의 이해하기 힘든 안 좋은 표현
표시 Native Speaker가 이해는 하지만 어색한 표현
표시 표현을 사용할 수는 있지만 더 좋은 표현 추천

▶ 정 안되면 내가 도와주겠지만, "열 번 찍어 안 넘어가는 나무가 없다"는 말도 있듯이, 포기하지 말고 계속 시도해 봐. 유종의 미를 거둘 거야.

어색한 문장 If you're needy, I can give you a hand, but as the saying goes, "Little strokes fell great oaks," don't give it up and keep trying it again and again. You'll have a good finish.

Native If you're in a pinch, I can give you a hand, but as the saying goes, "Little strokes fell great oaks," don't give it up and keep trying it again and again. You'll bear a fruitful result.

유종의 미를 거두다: bear a fruitful result
열 번 찍어 안 넘어가는 나무 없다: Little strokes fell great oaks

정각에:
on the dot

▶Revision

| Guideline for Revision |
표시 Native Speaker가 거의 이해하기 힘든 안 좋은 표현
표시 Native Speaker가 이해는 하지만 어색한 표현
표시 표현을 사용할 수는 있지만 더 좋은 표현 추천

▶ 내일 로비 앞에서 모여 정각에 떠날 건데 늦는 사람이 있더라도 바로 출발할 겁니다. 제가 여기 책임자라는 것을 명심하세요.

어색한 문장 We'll be leaving tomorrow at noon on time immediately even if someone is a little late. Don't forget that I'm in charge here.

Native We'll be leaving tomorrow at noon on the dot immediately even if someone is a little late. Don't forget that I'm in charge here.

참고 10시 방향에 있어요: be at 10 o'clock
(SB) 에게 악감정이 있다: have something against (SB)
(SB) 에게 악감정이 없다: have nothing against (SB)

정기적으로: on a regular basis

▶ Revision

Guideline for Revision
- 표시 Native Speaker가 거의 이해하기 힘든 안 좋은 표현
- 표시 Native Speaker가 이해는 하지만 어색한 표현
- 표시 표현을 사용할 수는 있지만 더 좋은 표현 추천

▶ 내 친구는 정기적으로 미술관 관람을 하더라고. 서양 미술에만 관심 있는 줄 알았는데 동양 미술에도 관심을 보이더라.

어색한 문장 My friend goes to the art museum regularly. I thought he was only interested in the western arts but he is also interested in the eastern arts.

Native My friend goes to the art museum on a regular basis. I thought he was only interested in the western arts but he also shows interest in the eastern arts.

관심을 보이다: show interest in

🔍 on a ~ basis: 근거에, 근거하에

- 매일: on a daily basis
- 매주, 주 단위로: on a weekly basis
- 2주 단위로: on a bi weekly basis
- 연 단위로: on a yearly basis
- 반반으로: on a fifty-fifty basis
- 선착순으로: on a first-come-first served basis

정확히(딱/꼭): to a T

▶ Revision

Guideline for Revision
- 표시 Native Speaker가 거의 이해하기 힘든 안 좋은 표현
- 표시 Native Speaker가 이해는 하지만 어색한 표현
- 표시 표현을 사용할 수는 있지만 더 좋은 표현 추천

▶ 이 바지는 나에게 딱 맞아. 가격 대비가 좋은 게 이번에 옷을 잘 산 것 같아.

> **어색한 문장** These pants fit me exactly. It's a reasonable price. I think I got a good deal.

> **Native** These pants fit me to a T. It's a good value for the money. I think I got a good deal.

가격 대비가 좋다: it's a good value for the money.

> 참고 연비가 좋은: fuel efficient

조금이라도: at all

▶ **Revision**

Guideline for Revision

표시 Native Speaker가 거의 이해하기 힘든 안 좋은 표현
표시 Native Speaker가 이해는 하지만 어색한 표현
표시 표현을 사용할 수는 있지만 더 좋은 표현 추천

▶ 조금이라도 나를 좋아한다면 너와 잘해 볼 생각이 있어.

> 어색한 문장 〉 If you like me a little, I'm thinking to try with you.

> Native 〉 If you like me at all, I'm willing to give it a try with you.

🔍 관계에 대한 표현 2

- 우리는 친구 사이야: we're in a friend zone
- (SB)와 썸 타다: be in a situationship with SB
  situationship – 우정과 사랑 사이의 관계
- 수직 관계, 상하 관계: hierarchical relationship (하이**라**키컬)
- 수평적 관계: horizontal relationship

조만간, 머지않아: one of these days

▶ **Revision**

Guideline for Revision
표시 Native Speaker가 거의 이해하기 힘든 안 좋은 표현
표시 Native Speaker가 이해는 하지만 어색한 표현
표시 표현을 사용할 수는 있지만 더 좋은 표현 추천

▶ 남자친구가 너무 밀당을 즐겨서, 짜증 나 죽겠어. 머지않아 헤어질 것 같아. "마음 단단히 먹어. 필요하면 언제든지 전화하고."

> **어색한 문장** My boyfriend enjoys doing push and pull too much, so I am annoyed to death. I think we'll break up soon. "Be ready for that. Feel free to call me when you need my help."

> **Native** My boyfriend enjoys playing mind game too much, so I am annoyed to death. I think we'll break up one of these days. "Brace yourself. Feel free to call me when you need my help."

마음을 단단히 먹어, 마음의 준비를 해: brace yourself
밀당하다: play mind game

> 참고 시치미 떼다: play dumb
> 쿨한 척하다: play it cool
> 튕기다: play hard to get
> 간 보다: shake SB's tree

150 내 영어에는 풍부함이 있다

좋게:
on a good note

▶ **Revision**

Guideline for Revision
표시 Native Speaker가 거의 이해하기 힘든 안 좋은 표현
표시 Native Speaker가 이해는 하지만 어색한 표현
표시 표현을 사용할 수는 있지만 더 좋은 표현 추천

▶ 처음엔 야당과 여당이 좋게 시작을 했는데, 결국 팽팽한 줄다리기가 있었어. "인사 청문회에서 몸싸움을 하지 않은 것만으로도 감사해야지."

> **어색한 문장** At first, the ruling party and the opposition party started goodly. But there was a big tension in the end. "We should be thankful for just not wresting with each other during the discussion."

> **Native** At first, the ruling party and the opposition party started on a good note. But there was a bitter tug-of-war in the end. "We should be thankful for just not wresting with each other during the confirmation hearing."

인사 청문회: the confirmation hearing
줄다리기: a tug-of-war

참고 나쁘게: on a bad note
ex) 우리 안 좋게 헤어졌어: we broke up on a bad note

물타기하다: water down
ex) 그 사건을 물타기하려고 시도했어:
    He attempted to water down the case

좋게 말해서:
to put it nicely

▶ **Revision**

| Guideline for Revision |

표시 Native Speaker가 거의 이해하기 힘든 안 좋은 표현
표시 Native Speaker가 이해는 하지만 어색한 표현
표시 표현을 사용할 수는 있지만 더 좋은 표현 추천

▶ 좋게 말해서, 이번 연도만 회사에서 잘 버티면 돼. 이 빡빡한 일정으로 가능하겠어?

 어색한 문장 ﹥ when talking nicely, everything will be fine if I hang in there this year only. Do you believe that I can handle it with a busy schedule?

Native ﹥ To put it nicely, everything will be fine if I hang in there this year alone. Do you believe that I can handle it with a hectic schedule?

이번 연도만: this year alone

주의) hectic: (busy보다 더 강조, 아주 바쁜 상태, 주어를 사람으로 쓰면 안 됨) '바쁜'을 의미합니다.
I'm hectic (X) my schedule is so hectic (O)

> 참고 ▶ 솔직히 말하면, 단도직입적으로: to put it bluntly
> 노골적으로 말하면: to put it boldly
> 간단히 말하면 to put it simply
> 구체적으로 말하면: to put it concretely

좋든 싫든: like it or not

▶ Revision

Guideline for Revision

표시 Native Speaker가 거의 이해하기 힘든 안 좋은 표현
표시 Native Speaker가 이해는 하지만 어색한 표현
표시 표현을 사용할 수는 있지만 더 좋은 표현 추천

▶ 좋든 싫든 너는 걔와 회사 동료니까 잘 지내려고 노력해야 하지 않겠니? 점점 더 너와 걔의 관계가 껄끄러워지고 있어.

> **어색한 문장** I don't know if you like it or not, don't you think you should try to be on good terms with him since you guys are colleagues? Your relationship with him is becoming worse.

> **Native** Like it or not, don't you think you should try to be on good terms with him since you guys are colleagues? Your relationship with him is becoming sourer.

관계가 껄끄러워: the relationship goes sour

🔍 관계에 대한 표현 3

– 삼각관계: love triangle
– 관계가 위태위태해: our relationship is shaky

줄에 매고:
on a leash

▶ **Revision**

Guideline for Revision
표시 Native Speaker가 거의 이해하기 힘든 안 좋은 표현
표시 Native Speaker가 이해는 하지만 어색한 표현
표시 표현을 사용할 수는 있지만 더 좋은 표현 추천

▶ 개에 목줄을 하고 산책하다 보면 위험할 수 있는 상황들을 많이 피하게 된답니다.

> **어색한 문장** You can avoid many dangerous situations by walking your dog tied a rope.

> **Native** You can avoid many dangerous situations by walking your dog on a leash.

> **참고** 목줄에 채우다: put a dog on a leash
> 줄에 매어 두다: keep a dog on a leash

지나고 나서 보니, 이제 와 생각해 보니: in hindsight (하인드사이트)

▶ **Revision**

Guideline for Revision

표시 Native Speaker가 거의 이해하기 힘든 안 좋은 표현
표시 Native Speaker가 이해는 하지만 어색한 표현
표시 표현을 사용할 수는 있지만 더 좋은 표현 추천

▶ 지나고 나서 보니, 중요한 대화는 직접 만나서 이야기했었어야 했어. 목소리가 끊겨서 사실 무슨 이야기를 했는지 기억도 안 나.

> 어색한 문장 > As thinking now, I should have met face to face when I had to talk about important things. The voice was disconnected on the phone. In fact, I don't remember what I was talking about.

> Native > In hindsight, I should have met face to face when I had to talk about important things. It was so breaking up on the phone. In fact, I don't remember what I was talking about.

참고 목소리가 끊기다: it's breaking up
(SB)에게 실수로 전화하다: butt dial (SB)
문자/전화를 씹다: ignore my message/call
장난 전화를 하다: make a prank call
연결 상태가 안 좋아: The line is unclear
무음으로 하다: put SB's phone on silent
(통화 중에 갑자기) SB의 전화를 끊어 버리다: hang up on SB

지난 몇 년 동안: over the years

▶ Revision

| Guideline for Revision |

표시 Native Speaker가 거의 이해하기 힘든 안 좋은 표현
표시 Native Speaker가 이해는 하지만 어색한 표현
표시 표현을 사용할 수는 있지만 더 좋은 표현 추천

▶ 지난 몇 년 동안 둘째가 정말 골칫덩어리였어, 검정고시를 준비한다고 학교도 자퇴하고, 가출도 하고, 내가 너무 속상해. "그래서 검정고시는 어떻게 됐어?"

> 어색한 문장 > My second oldest son has been a troublemaker for past years. He dropped out of a high school for GED test and ran away from home. I'm so upset. "How was the test?"

> Native > My second oldest son has been a pain in the neck over the years. He dropped out of a high school for GED test and ran away from home. I'm so upset. "So, how did the test go?"

골칫덩어리: a pain in the neck

주의) 'a pain in the neck'은 '~은 귀찮아'라는 표현으로도 쓰일 수 있습니다.

ex) 집안일은 귀찮아: housework is a pain in the neck

> 참고 지난 3년 동안: for the last three years

직접적으로: directly, firsthand

▶ **Revision**

| Guideline for Revision |

표시 Native Speaker가 거의 이해하기 힘든 안 좋은 표현
표시 Native Speaker가 이해는 하지만 어색한 표현
표시 표현을 사용할 수는 있지만 더 좋은 표현 추천

▶ 내가 너한테 직접적으로 이야기해서 미안하지만 말이야. 그 누리끼리한 옷들이 너와는 어울리지 않아.

> **어색한 문장** I'm sorry for telling you direct, but the yellow clothes don't look good on you.

> **Native** I'm sorry for telling you directly, but the yellowish clothes don't look good on you.

누리끼리한: yellowish (옐로위쉬)

주의) ish: '대략', '즈음'을 의미합니다.

　예쁘장한: prettyish　　연두색: greenish
　달짝지근한: sweetish　　불그레한: reddish
　푸르스름한: bluish　　희끄무레한: whitish
　거무스름한: blackish　　여자애 같은: girlish
　소년 같은: boyish

> **참고** 빨갛게 물들다: it got stained red
> 눈물로 얼룩져 있어요: it's stained with tears

진심으로:
from the bottom of SB's heart

▶ Revision

| Guideline for Revision |
표시 Native Speaker가 거의 이해하기 힘든 안 좋은 표현
표시 Native Speaker가 이해는 하지만 어색한 표현
표시 표현을 사용할 수는 있지만 더 좋은 표현 추천

▶ 너 셀카 많이 찍던데, 너 사진발 안 받아. 정말 진심으로 말하는 거야. "불난 집에 부채질하지 마! 그래도 나 외모에 콤플렉스 있단 말이야."

> **❌ 어색한 문장** You've taken a lot of selcas, but pictures don't like you. I'm saying it so sincerely. "Don't add fuel to the fire. I have inferior complex about my look."

> **❗ Native** You've taken a lot of selfies, but pictures don't flatter you. I'm saying it from the bottom of my heart. "Don't kick me when I'm down. I have inferior complex about my look."

셀카를 찍다: take a selfie
사진발 안 받아: pictures don't flatter SB
불난 집에 부채질하다: add fuel to the fire, kick me when I'm down

> **참고** 실물이 낫다: SB look(s) better in person

진행 중인:
in the process of Ving

▶ Revision

Guideline for Revision

표시 Native Speaker가 거의 이해하기 힘든 안 좋은 표현
표시 Native Speaker가 이해는 하지만 어색한 표현
표시 표현을 사용할 수는 있지만 더 좋은 표현 추천

▶ 이 드라마는 남자가 바람을 피우고 여자한테 들키는 상황이 전개되는 중이야. 남자가 여자한테 잘못했다고 매달리고 있어.

> 어색한 문장 〉 The scene where the guy is being caught cheating on his lover is opening. The guy is begging the woman saying he's sorry.

> Native 〉 The scene where the guy is being caught cheating on his lover is in the process of unfolding. The guy is clinging onto the woman saying he's sorry.

(SB)에게 매달리다: cling onto (SB)

참고 〉 헛수고, 헛된 노력, 쓸데없는 일: a wild goose chase
　　ex) 이게 만약 헛짓거리면, 용서하지 않을 거야:
　　　　if it's a wild goose chase, I won't forgive you

159

차례차례로:
one after another

▶ Revision

| Guideline for Revision |
표시 Native Speaker가 거의 이해하기 힘든 안 좋은 표현
표시 Native Speaker가 이해는 하지만 어색한 표현
표시 표현을 사용할 수는 있지만 더 좋은 표현 추천

▶ 여기 양식에 맞게 자신이 일해 온 경력과 자격증의 여부를 차례차례 작성해 주세요. 보아 하니 자격증이 화려한데 스펙에 전념하신 모양이네요.

 On here, list your job experiences and certifications in order. You have a lot of certificates. You must have done your best for building a solid qualification.

Native On here, list your job experiences and certifications one after another in order. You have a lot of certificates. You must have thrown yourself into building a solid qualification.

(STH)에 전념하다: throw myself into (STH)

참고로:
Just so you know

▶ **Revision**

| Guideline for Revision |

표시 Native Speaker가 거의 이해하기 힘든 안 좋은 표현
표시 Native Speaker가 이해는 하지만 어색한 표현
표시 표현을 사용할 수는 있지만 더 좋은 표현 추천

▶ 이번에 복잡한 일이 너무 많이 생겨서 머리를 식히러 여행 좀 다녀와야겠어. 참고로 푸켓 여행을 다녀올까 생각 중이야.

어색한 문장 〉 I am tired with complicating things. I should take a trip to remove stress. As a reference, I am thinking of going to Phuket.

Native 〉 I'm bombarded with complicating things. I should take a trip to chill out. Just so you know, I'm thinking of going to Phuket.

머리를 식히다: chill out

참고 ▶ 바람 쐬다: get some air

처음부터 다시, 또다시: all over again

▶ Revision

| Guideline for Revision |
표시 Native Speaker가 거의 이해하기 힘든 안 좋은 표현
표시 Native Speaker가 이해는 하지만 어색한 표현
표시 표현을 사용할 수는 있지만 더 좋은 표현 추천

▶ 빨간색으로 염색한 지 한 달밖에 안 되었는데 색이 빠져서 처음부터 다시 염색을 해야 할 것 같아. 내가 염색한 거 티 나니?

> 어색한 문장 ▷ I only dyed my hair red about a month ago, but the color completely ran so I think I should dye my hair from start again. Can you notice that dyed?

> Native ▷ I only dyed my hair red about a month ago, but the color completely ran so I think I should dye my hair all over again. Can you tell that I dyed?

S가 V한 거 티나? Can you tell that S V?

> 참고 ▷ 티 안 나는데: I cannot tell
> 티를 내다: let it show

ex) 내가 내 머리를 스스로 염색했다: I dyed my hair red
누군가가 내 머리를 염색해 주었다: I had my hair dyed red

처음으로: for the first time

▶ **Revision**

| Guideline for Revision |

표시 Native Speaker가 거의 이해하기 힘든 안 좋은 표현
표시 Native Speaker가 이해는 하지만 어색한 표현
표시 표현을 사용할 수는 있지만 더 좋은 표현 추천

▶ 매출이 이번 연도에 처음으로 60억 달러에 이르러서 그런지 요즘 사장님의 화색이 돌더라고요. "우리가 고급 인력을 채용해서 그렇지 뭐."

> 어색한 문장 〉 Sales reached $6 billion at first this year, so the owner's face is bright these days. "It's because we've found good quality employees.

> Native 〉 Sales reached $6 billion for the first time this year, so the owner's face lights up these days. "It's because we've found highly qualified employees.

얼굴에 화색이 돌다: SB's face lights up
눈이 반짝거리다: SB's eyes light up
고급 인력: highly qualified employees

> 참고 먼저: first
> 처음에는: at first
> 애초에: in the first place
> 맨 먼저: first of all, for a start
> V한 건 처음이야: it's the first time Ving

필요 이상으로, 쓰러질 때까지, 못 쓰게 되도록: into the ground

▶ **Revision**

Guideline for Revision
- 표시 Native Speaker가 거의 이해하기 힘든 안 좋은 표현
- 표시 Native Speaker가 이해는 하지만 어색한 표현
- 표시 표현을 사용할 수는 있지만 더 좋은 표현 추천

▶ 나 완전 혹사당했어. 사장이 날 너무 부려 먹어서 사표를 쓸 수밖에 없었어. "이것은 정말 생각해 볼 일이네."

어색한 문장 I got worked hard. I couldn't help it but to write a resignation note because the owner makes me work too much. "We need to consider it."

Native I got worked into the ground. I couldn't help it but to write a resignation note because the owner is such a slave driver. "This is food for thought."

부려 먹는 사람, 혹독한 고용자: slave driver
이것은 생각해 볼 일이야: This is food for thought

필요하다면: if need be

▶ **Revision**

Guideline for Revision

표시 Native Speaker가 거의 이해하기 힘든 안 좋은 표현
표시 Native Speaker가 이해는 하지만 어색한 표현
표시 표현을 사용할 수는 있지만 더 좋은 표현 추천

▶ 궁하지만 필요하다면 여자친구 선물을 비싼 거로 살려고. 사귄 지 얼마 안 됐는데 흐지부지 끝나지 않기를 바라야지.

어색한 문장 I'm broke but I'm going to buy an expensive present for my girl friend if I need to. We just went out a few days ago, and I don't want to finish cloudly.

Native I'm broke but I'm going to buy an expensive present for my girl friend if need be. It hasn't been too long since we started going out and I don't want it to fizzle out.

흐지부지 끝나다: fizzle out

'finish'와 'puzzle'을 합쳐서 'fizzle'이 되었습니다.

참고 ~에 걸려 있다: be on the line
ex) 내 점수가 걸려 있어: my scores are on the line
돈이 걸린 문제야: money is on the line

하고많은 사람 중에서:
of all people

▶ Revision

Guideline for Revision
- 표시 Native Speaker가 거의 이해하기 힘든 안 좋은 표현
- 표시 Native Speaker가 이해는 하지만 어색한 표현
- 표시 표현을 사용할 수는 있지만 더 좋은 표현 추천

▶ 요즘 춤을 배우고 있는데, 어제 같이 하던 많은 사람 중에서 나만 다리에 힘이 더 들어간다고 강사한테 한 소리 들었어. 쪽팔려 죽는 줄 알았어.

> **어색한 문장** These days, I'm learning to dance, but in others, I got scolded by the instructor for making power on my legs yesterday. I was embarrassed.

> **Native** These days, I'm learning to dance, but of all people, I got scolded by the instructor for putting too much power on my legs yesterday. I was embarrassed to death.

(STH)에 힘이 들어가다: put power on (STH)

> **참고** 창피해 죽겠어: I'm embarrassed to death
> 짜증 나 죽겠어: I'am sick to death
> 지겨워 죽을 지경이야: I'm bored to death

# 하나부터 열까지, 처음부터 끝까지: from A to Z

▶ **Revision**

Guideline for Revision

표시 Native Speaker가 거의 이해하기 힘든 안 좋은 표현
표시 Native Speaker가 이해는 하지만 어색한 표현
표시 표현을 사용할 수는 있지만 더 좋은 표현 추천

▶ 평소에 남편은 하나서부터 열까지 자기 일상에 대해 말해 주거든요. 그런데 한번 삐지면 3일 동안 입을 다물고 있어요.

> 어색한 문장 > My husband usually tells me about his daily life in detail, but once he gets upset, he doesn't say anything for three days.

> Native > My husband usually tells me about his daily life from A to Z, but once he gets upset, he keeps his mouth shut for three days.

입을 다물다: keep SB's mouth shut

S가 V하는 건 아니지만: Not that S V, but

▶ Revision

Guideline for Revision
- 표시 Native Speaker가 거의 이해하기 힘든 안 좋은 표현
- 표시 Native Speaker가 이해는 하지만 어색한 표현
- 표시 표현을 사용할 수는 있지만 더 좋은 표현 추천

▶ 그녀를 싫어하는 건 아니지만, 귀찮아서 연락을 뜸하게 했더니 그녀가 헤어지자고 하더라. "너 헤어지고 싶었는데 그걸 노렸구나."

어색한 문장 I don't hate her, but I stopped calling her so often because I didn't feel like it, and she called me to break up with me. "That's what you want since you wanted to break up anyway, didn't you?"

 Native Not that I don't like her, but I stopped calling her so often because I didn't feel like it, and she called me to break up with me. "You aimed for it since you wanted to break up anyway, didn't you?"

그걸 노리다: You aim for it

~하지 않을까 하고: on the chance of Ving

▶ Revision

Guideline for Revision

표시 Native Speaker가 거의 이해하기 힘든 안 좋은 표현
표시 Native Speaker가 이해는 하지만 어색한 표현
표시 표현을 사용할 수는 있지만 더 좋은 표현 추천

▶ 혹시나 그 애를 볼 수 있지 않을까 하는 기대와 함께 그 애가 다니는 곳을 한참 서성거렸지. "찌질이처럼 왜 그래. 포기해 이제."

 어색한 문장 › I was walking around a place that she goes to for a long time, with expectation to see her. "What's wrong with you? Stop being such a stupid. Give up now."

🔊 Native › I was walking around a place that she goes to for a long time, on the chance of seeing her. "What's wrong with you? Stop being such a wuss. Give up now."

찌질이: wuss (워쓰)

🔍 비호감 인간형의 표현들

- 뺀질이: slacker
- 돌아이: flake
- 꼰대: old fossil
- 바바리 맨: flasher
- 관종: attention seeker
- 돌발 행동을 자주 하는 사람: loose cannon

하필 이런 때에:
at a time like this

▶ Revision

| Guideline for Revision |

표시 Native Speaker가 거의 이해하기 힘든 안 좋은 표현
표시 Native Speaker가 이해는 하지만 어색한 표현
표시 표현을 사용할 수는 있지만 더 좋은 표현 추천

▶ 시험 준비를 하느라 일주일 동안 씻지 않아서 완전 폐인이 되어 버렸어. 하필 이럴 때 오다니 당황스럽다.

> 어색한 문장 I didn't take a shower for a week preparing for the exam. I'm a failed person. You had to come at this time, I'm embarrassed.

> Native I didn't take a shower for a week preparing for the exam. I'm a total wreck. You had to come at a time like this, I'm embarrassed.

폐인: wreck (렉)

🔍 비호감 인간형의 표현들 2

- 호구: sitting duck 또는 pushover
- 한량아: play boy(girl), deadbeat
- 성적으로 문란한 사람, 풍기 문란한 사람: fuckboy(fuckgirl)
- 너는 고집불통이다(자기만의 방식이 너무 굳어진 사람):
  You are so set in your ways

한겨울에:
in the dead of winter

▶ **Revision**

Guideline for Revision

표시 Native Speaker가 거의 이해하기 힘든 안 좋은 표현
표시 Native Speaker가 이해는 하지만 어색한 표현
표시 표현을 사용할 수는 있지만 더 좋은 표현 추천

▶ 한겨울에 감기가 심하게 들어서 죽을 뻔했는데 어머니가 주신 약을 먹었더니 금방 나았어. 약이 신통하게 잘 듣더라.

어색한 문장 I almost died of severe cold in winter but I recovered after taking the medicine mom gave to me. It was so effective.

Native I almost died of severe cold in the dead of winter but I recovered after taking the medicine mom gave to me. It works like a charm.

효력이 너무 좋다, 효과 직방이야: work like a charm

참고 소식하다: eat like a bird
대식하다: eat like a horse
잠을 푹 자다: sleep like a baby
불티나게 팔다: sell like hot cakes
돈을 펑펑 쓰다: spend money like water
몸을 (사시나무처럼) 많이 떨다: shake like a leaf
손발이 잘 맞다, 호흡이 척척 맞다: be like bread and butter

한때는:
once

▶Revision

| Guideline for Revision |

표시 Native Speaker가 거의 이해하기 힘든 안 좋은 표현
표시 Native Speaker가 이해는 하지만 어색한 표현
표시 표현을 사용할 수는 있지만 더 좋은 표현 추천

▶ 나 요즘 건망증이 심해지고 있어. 한때는 기억력이 좋았는데. 너의 이름조차도 기억이 날 듯 말 듯 해!

> **어색한 문장** I've become more and more forgetful. I had a good memory for some time. Even your name is confusing to me.

> **Native** I've become more and more forgetful. I once had a good memory. Even your name is on the tip of my tongue.

그게 생각날 듯 말 듯 하네: it's on the tip of my tongue

> **참고** 퍽도 그렇겠다(그럴 리가 없다는 뜻): fat chance of STH/ Ving
> ex) 걔 돈이 많아서 오늘 저녁을 쏠지도 몰라, "퍽도 그렇겠다"
> He has a lot of money, so he might buy food for us. "Fat chance of that"
> ex) 과거를 비춰볼 때, 걔네들 다시 합치기는 힘들 거야
> In the light of my past, they'll have a fat chance of getting back together

한마디로 말해서: to make a long story short

▶Revision

Guideline for Revision

| 표시 | Native Speaker가 거의 이해하기 힘든 안 좋은 표현
| 표시 | Native Speaker가 이해는 하지만 어색한 표현
| 표시 | 표현을 사용할 수는 있지만 더 좋은 표현 추천

▶ 이번 발표는 한마디로 말해서 완벽했어. 조금 아쉬운 게 있다면 한 예시가 생뚱맞았다는 거야.

> **어색한 문장** To summarize this, the presentation was perfect even though one of the examples was kind of strange.

> **Native** To make a long story short, the presentation was perfect even though one of the examples was kind of random.

생뚱맞다: That's random

> **참고** 짧고 간결하게(굵게) 하다: make it short and sweet

한 번에 하나씩:
one thing at a time

▶ Revision

Guideline for Revision

표시 Native Speaker가 거의 이해하기 힘든 안 좋은 표현
표시 Native Speaker가 이해는 하지만 어색한 표현
표시 표현을 사용할 수는 있지만 더 좋은 표현 추천

▶ 얘 땀 흘리는 것 좀 봐. 온몸이 축축하잖아. 짐을 한꺼번에 옮기지 말고 한 번에 하나씩 옮기는 게 좋을 것 같아.

> **어색한 문장** He's sweating a lot. His skin is so moist. Don't try to move everything at once. It's better to move one by one.

> **Native** He's sweating a lot. His skin is so clammy. Don't try to move everything at once. It's better to move one thing at a time.

(기분 나쁘게 끈적거리고) 약간 젖은: clammy (클래미)

> 참고 한 번에 한 사람씩: one person at a time

한적한 곳에서: at/in/to the secluded place (시클루디드)

▶ **Revision**

Guideline for Revision
표시 Native Speaker가 거의 이해하기 힘든 안 좋은 표현
표시 Native Speaker가 이해는 하지만 어색한 표현
표시 표현을 사용할 수는 있지만 더 좋은 표현 추천

▶ 한적한 곳에서, 남편이랑 산책을 하고 있었는데, 갑자기 고양이가 튀어나왔어. 사실 내가 동물을 좋아하는데, 이 고양이는 무섭더라.

> **어색한 문장** I was taking a walk with my husband at the faraway place, but a cat came out of nowhere. As a matter of fact, I like animal, but I was scared of her.

> **Native** I was taking a walk with my husband at the secluded place, but a cat came out of nowhere. As a matter of fact, I like animals, but I was scared of her.

주의) 사람 또는 동물을 좋아한다/싫어한다고 할 땐 복수를 사용하세요. 단수를 사용하게 될 경우 개고기를 좋아한다는 의미로 오해할 수 있습니다.

난 개고기를 좋아한다: I like a dog
난 개를 좋아한다: I like dogs

난 고양이 고기를 싫어해: I hate a cat
난 고양이를 싫어해: I hate cats

~할까 봐(두려워서): for fear of Ving 또는 N

▶ Revision

| Guideline for Revision |
표시 Native Speaker가 거의 이해하기 힘든 안 좋은 표현
표시 Native Speaker가 이해는 하지만 어색한 표현
표시 표현을 사용할 수는 있지만 더 좋은 표현 추천

▶ 충동구매로 청바지 다섯 벌을 샀는데 후회돼. 어머니한테 들킬까 봐 학원비를 냈다고 거짓말했어. "괜찮아, 근데 이게 이번에 산 청바지 맞지? 옷 멋있는데?"

 어색한 문장 〉 I regret buying five pairs of jeans on impulse. I lied to mom I had paid for after-school lessons because I was afraid of getting caught by my mom. "That's fine. By the way, they're what you bought this time, right? They're so good."

Native 〉 I regret buying five pairs of jeans on impulse. I lied to mom I had paid for after-school lessons for fear of getting caught by my mom. "That's fine. By the way, they're what you bought this time, right? They're on point."

(화장, 헤어스타일, 패션 등이) 멋지다, 잘되다, 쩐다: be on point
너 옷 멋있는데: your dress is on point
너 머리 잘되었는데: your hair is on point

할 수만 있다면 ~할 텐데:
if only I could V, I would

▶ Revision

| Guideline for Revision |
| 표시 Native Speaker가 거의 이해하기 힘든 안 좋은 표현
| 표시 Native Speaker가 이해는 하지만 어색한 표현
| 표시 표현을 사용할 수는 있지만 더 좋은 표현 추천

▶ 유학 가기 전에 해야 할 자질구레한 일들이 있어서, 동생을 시켰지. 할 수만 있다면 내가 할 텐데 다리를 다쳤거든. 그런데 걔는 건성으로 하더라.

어색한 문장 I got a few tiny things to do before studying abroad, so I had my brother do it because I hurt my leg. I would do it if possible, but he just did it insincerely.

Native I got a few odds and ends to do before studying abroad, so I had my brother do it because I hurt my leg. If only I could do it then I would, but he just half-assed it.

건성으로 하다: half-ass
잡동사니, 자질구레한 것들: odds and ends
ex) 서랍은 잡동사니들로 가득 차 있었어
The drawer was full of odds and ends

~할 정도까지:
to the extent that(where) S V

▶ Revision

Guideline for Revision

표시 Native Speaker가 거의 이해하기 힘든 안 좋은 표현
표시 Native Speaker가 이해는 하지만 어색한 표현
표시 표현을 사용할 수는 있지만 더 좋은 표현 추천

▶ 네가 걱정할 정도까지 살이 찌다 보니, 정말로 다이어트를 해야겠어. 예전의 전성기 때로 돌아가는 것이 내 목표야.

> **어색한 문장** I think I should get on a diet because I'm fat **to the degree that** you're worried about me. My goal is to get myself back to **my best time**.

> **Native** I think I should get on a diet because I'm fat to the extent where you're worried about me. My goal is to get myself back to my heyday.

전성기: heyday

ex) 내 전성기 때에는, 운동신경이 좋았는데
   In my heyday, I was so athletic

(아니 다른 건 아니고) S가 V해서 그런 거야
: It's just that S V

▶ Revision

| Guideline for Revision |
표시 Native Speaker가 거의 이해하기 힘든 안 좋은 표현
표시 Native Speaker가 이해는 하지만 어색한 표현
표시 표현을 사용할 수는 있지만 더 좋은 표현 추천

▶ (아니 다른 건 아니고) 내가 지금 단지 형편이 어려워서 그래. 금융 위기로 직격탄을 맞아서 실업자가 되었지 뭐니.

✗ 어색한 문장 ⟩ I am just going through hard times. I got hit directly by financial crisis and became jobless.

❗ Native ⟩ It's just that I'm going through hard times. I took a hit directly by financial crisis and became jobless.

직격탄을 맞다: take a hit

참고 (SB/STH)에게 직격탄을 날리다: lash out against (SB/STH)

헛되이, 허사로, 허사가 되어: in vain

▶ Revision

| Guideline for Revision |

표시 Native Speaker가 거의 이해하기 힘든 안 좋은 표현
표시 Native Speaker가 이해는 하지만 어색한 표현
표시 표현을 사용할 수는 있지만 더 좋은 표현 추천

▶ 네가 잘못하는 바람에 모든 노력이 허사가 되었어. 뭐라고? 남 탓하는 걸 보니 진짜 아버지 성격을 닮아 가네.

 어색한 문장 > All the efforts ended with nothing thanks to your mistake. "What did you say? In that you laid all the blame on others, you look like your father."

Native > All the efforts ended in vain thanks to your mistake. "What did you say? In that you laid all the blame on others, your father's personality really rubs off on you."

(행동, 특징, 견해 등) ~에게 옮다, 전염되다: rub off on (SB)

아이들이 너의 다혈질을 닮아 가네
Hot temper rubs off on your children

너의 장난기가 학생들에게 물들잖아
Your playfulness rubs off on students

협력하여, 어깨를 서로 맞대고, 힘을 모아: shoulder to shoulder

▶ **Revision**

Guideline for Revision
표시 Native Speaker가 거의 이해하기 힘든 안 좋은 표현
표시 Native Speaker가 이해는 하지만 어색한 표현
표시 표현을 사용할 수는 있지만 더 좋은 표현 추천

▶ 추운 날씨에 반란군이 쳐들어와서 우리 모두 힘을 합쳐 싸웠었죠. 수적으로 우리가 열세였지만 결국 이겨 냈어요.

✘ 어색한 문장 Rebellious troops invaded us in cold weather, so we fought together. Although our numbers were lower than them, we defeated them.

♪ Native Rebellious troops invaded us in bone-chilling cold weather, so we fought shoulder to shoulder. Although we were outnumbered, we defeated them.

우리가 너희보다 수적으로 열세야: we're outnumbered
뼈까지 시려 오는 추위: bone-chilling cold

참고 우리가 너희보다 수적으로 우세하다: we outnumber you
(SB)와 어깨동무하다, 어깨동무하다: put my arm around (SB)

INDEX

찾아보기

가나다순으로 진행됩니다.

24시간 내내	16

ㄱ

가 아니야	82
가격 대비	148
가끔	110
가방끈이 짧다	102
가수 지망생	66
가슴골	53
가슴이 설레다	130
간 보다	150
간단히 말하면	152
간이 맞다	126
간접적으로	17
감이야	110
강경한 태도	90
강압적으로	18
개고생시키다	97
개꿈	78
거꾸로	19
거두절미하고	20
거무스름한	157
거물	132
거짓말처럼 들릴지 모르지만	32
건성으로 하다	177
건재하다	46
걸려 있다	165
것도 아니다	62
것도 아니야	82
격일로	81
격주로	81
겪게 하다	97
결국	67
결정을 잡다	115
겸손한 척하면서 잘난 체하다	139
경험상	61

계절을 탄다	131
계획대로	21
고급 인력	163
고려해 볼 때	82
고백하다	105
고집불통이다	170
곤란하게 하고 싶지 않지만	22
골칫덩어리	156
곳곳에서	23
공과 사를 구별하다	134
공로를 인정받다	65
과감한 행동	24
관계가 껄끄러워	153
관계가 위태위태해	153
관점에서	44
구두로	96
구석구석	24
구체적으로 말하면	152
구치소	69
굳이 반론을 하자면	87
귀가 솔깃하다	38
귀에 쏙쏙 꽂히는	87
귀찮아	156
그 결과	65
그거 하는 김에	25
그걸 노리다	168
그게 그거지	68
그게 생각날 듯 말 듯 하네	172
그냥	72
그냥 내 생각일 뿐이지만	62
그럴 리가 없다	172
그럴듯하다	20
그렇기는 하지만	26
그렇긴 해도	27
그렇지만	26
그리운 옛 맛	130
극혐	103

근육질의 몸매	73
글쎄 뭐랄까	28
긁어모으다	42
금단현상	49
금방이라도	29
급속히	30
급이 달라	136
긍정적으로 보자면	31
기대로 어쩔 줄 모르다	67
기대에 부응하다	116
기분 나쁘게 들릴지 모르겠지만	32
기분 나쁘라고 하는 말은 아닌데	33
기분이 좋아	123
기뻐서	63
기뻐서 어쩔 줄 모르다	67
긴장해서 말이 잘 안 나오는	129
길들이다	125
김칫국부터 마시다	65
까끌까끌한	37
까놓고 말해서	34
까지	59
깎아 내리다	76
깎아 내리지 마	76
깔 맞춤이다	122
깜빡 졸다	26
깨닫고 보니	35
깨작깨작 먹다	126
깬다	32
껄끄러워	153
껌뻑 죽어	36
껴안다	85
꼬치꼬치 따지다	43
꿀잠을 자다	26
꿈같은 이야기야	78
끈적거리는	37
끊어 버리다	155
끌려다니다	75

끌린다	32

ㄴ

나간 김에	36
나도 모르게	35
나도 모르는 사이에	37
나란히	38
나름대로	119
나쁘게	151
나쁜 의도	27
나온 김에 하는 말인데	76
날씬한	73
남 의식을 많이 하는	28
남자다운 남자	29
남자답게 대시하다	138
낯짝 두껍다	108
내 경험을 비춰 보면	39
내 기억이 옳다면	40
내 생각에는	41
내 생각일 뿐이지만	62
내 손에 장을 지진다	34
내 예상과 달리	42
내 입장은 단호해	60
내가 듣기로	43
내가 보기에는	44
내가 없는 동안에	45
내기에서	46
내기에서 이기다	42
내년 중에	125
내심	47
내심	48
내일 중에	125
내일부로	124
너는 고집불통이다	170
너는 어떨지 모르지만	50
너만큼	51

너무 심하다	92
너에 관한	52
네가 어떻게 느낄지 모르겠지만	53
네가 없었다면	49
네가 없으니깐 빈자리가 크다	52
노골적으로 말하면	152
노래 가사를 따라 부르다	51
노리다	168
노출이 심한	33
누가 그러던데	54
누리끼리한	157
누설하다	83
눈길을 끌다	38
눈물로 얼룩져 있어요	162
눈썰미	19
눈에 튀다	33
눈을 붙이다	26
눈이 반짝거리다	163
눈치 보다	140
눈치 보다	144
눈치가 느리다	144
눈치가 빠르다	144
늦었지만 생일 축하해	113

ㄷ

다 지난 일이야	92
다리 근육이 땅기다	141
다시 생각해 보니	55
다시 일어서다	60
다시 일어서다	71
단도직입적으로	152
단둘이	56
단번에	57
단지 ~한 것뿐이야	58
단풍 구경	93
달래다	74

달짝지근한	157
담배꽁초	23
담이 왔어	141
답답해서	94
당당히	59
당한 만큼 갚아 주다	71
대식하다	171
대체로	143
대충하다	47
대하여	60
대학 시절 때	123
더 부족한 사람	39
더 아까운 사람	39
더 이상 지체하지 않고	61
더위를 타다	131
도배하다	80
도움이 될지 모르겠지만	62
돈을 긁어모으다	42
돈을 보태다	108
돈을 펑펑 쓰다	171
돌아이	169
동거하다	138
동일 선상에서	63
되기 직전인	64
두려워서	176
뒤따라	65
뒤이어	65
드디어	66
드물게	110
듣자 하니	68
들리는 소문에	69
따라 부르다	51
따지다	43
딱히	70
땅기다	141
때가 되면	71
때가 지남에 따라	72

또다시	162	맨 먼저	163
똥배	70	맨땅에서	79
		머리를 식히다	161

ㅁ

		머리부터 발끝까지	80
		머지않아	150
마음을 다시 잡다	47	먹보	98
마음을 단단히 먹어	150	먼 친척	135
마음의 준비	150	먼저	163
마지못해	73	먼지 털어서	105
마침	74	멋지다	176
막판에	75	멍 때리다	59
만으로도 벅차	57	면에서는	81
많이 떨다	171	몇 년 동안	156
말귀가 밝다	121	모든 상황을 고려해 볼 때	82
말대꾸하다	43	모욕감	61
말도 안 되게	63	목소리가 끊기다	155
말도 할 수 없을 만큼	63	목줄에 채우다	154
말로 표현	63	몰래	83
말만 번지르르하게 잘하다	27	몰아서 보다	21
말만 히디	27	몸가 마음이 건전하다	124
말이 그렇다는 거지	40	몸에 좋다	133
말이 나온 김에	76	몸은 여기 있지만 마음은 딴 데 있다	100
말이 새 나가다	64	몸을 만들다	73
말이 잘 안 나오는	129	몸을 많이 드러내는	33
말이라면 껌뻑 죽어	36	몸치야	60
말이야 쉽지	56	못 쓰게 되도록	164
말하자면 이런 거지	77	몽정	78
말할 수 없이	63	무슨 수를 써서라도	84
맑은	111	무슨 일이 있어도	85
맛집	106	무안해서	94
망상	78	무엇을 들었을지는 모르지만	53
망설임 없이	78	무엇을 믿을지 모르지만	53
망치다	114	무의식적으로	86
맞장구치다	120	문란한	124
매달리다	159	문란한 사람	170
매일	147	물들다	162
매주	147	물타기하다	151

단어/구문	쪽
뭉치다	141
뭐 어쩔 수 없지	76
뭐랄까	28
미끌미끌한	37
미리 짜고 하는 일	24
미리 축하해	113
미연에 방지하다	39
미운 정 고운 정 들다	44
밀어붙이는	138

ㅂ

단어/구문	쪽
바람 쐬다	161
바람이 많이 부는	111
바바리 맨	169
바쁜	152
박탈감	61
반내림	42
반론을 하자면	87
반반으로	147
반올림하다	42
반짝거리다	163
밤낮이 바뀌다	128
밥벌이를 하다	25
밥벌이를 하다	118
방향에 있어요	146
뱃살	70
뱃살 덩어리야	70
벅차	57
벌벌 떨다	48
변명처럼 들릴지 모르지만	32
변명하자면	88
변함없이	89
보태다	108
본질적으로	141
부드러운	37
부러워서	94

단어/구문	쪽
부려 먹는 사람	164
부분적으로	90
분명히 말하는데	91
분위기에	93
분풀이로	94
불과	98
불그레한	157
불난 집에 부채질	158
불만거리	103
불티나게 팔다	171
비몽사몽 하는	26
비밀을 털어놓다	83
비율이 좋은	73
빈자리가 크다	52
빡센	79
빨갛게 물들다	162
뺀질이	169
뻔뻔한 거짓말	17

ㅅ

단어/구문	쪽
사는 게 뭐 다 그렇지	76
사로잡다	38
사망	117
사실을 누설하다	83
사족을 못 써	36
사진발 안 받아	158
산전수전	97
살아 있네	46
살집이 있어	73
삼각관계	153
삿대질하다	103
상남자	29
상대적으로	95
상실감	61
상하 관계	149
상황 대처가 느리다	50

상황 대처가 빠르다	50	숙면을 취하다	26
상황을 고려해 볼 때	82	순서대로	101
새 나가다	64	순조롭게	102
새까맣게 모르다	132	순조롭게	103
생각날 듯 말 듯 하네	172	술기운에	104
생각해 볼 일이야	164	술에 취해서 전화하다	40
생뚱맞다	173	술을 한잔하다	112
서먹해지다	142	술이 몸에 안 받아요	40
서면으로	96	스케줄에 맞추다	128
서서히 멀어지다	142	슬퍼서 어쩔 줄 모르다	67
선착순으로	97	슬픔에 잠겨 있는	63
선착순으로	147	습관적으로	105
설마 ~하는 건 아니지	98	시간을 질질 끌다	75
성생활이 문란하다	124	시간이 애매하다	91
성을 간다	34	시간이 지날수록	72
성인 입맛	137	시대를 잘 탔어	127
성적으로 문란한 사람	170	시댁	135
세 겹	48	시비 걸자는 건 아닌데	33
세게 나가다	90	시선을 의식하는	28
세상에서	99	시원하다	79
세월 흘러감에 따라	72	시작이 반이다	57
셀카	158	시치미	150
소년 같은	157	시치미 떼다	17
소년원	69	시험을 망치다	114
소문에 의하면	69	시험을 잘 치다	114
소문을 내다	64	식사하다	112
소문을 내다	69	신의 한 수	120
소식하다	171	실례가 안 된다면	106
속는 셈 치고	17	실물이 낫다	158
속속들이	100	실세다	119
손발이 잘 맞다	171	실제 행동으로 보여 주다	27
솔직히 말하면	152	실종	117
수년에 걸쳐서	135	실토하다	105
수적으로 열세야	181	심금을 울리다	130
수적으로 우세하다	181	싹을 없애다	39
수직 관계	149	쌀쌀한	111
수평적 관계	149	썸 타다	149

쓰러질 때까지	164	약 기운에	104
쓸데없는 일	159	약간 젖은	37
		약간 젖은	174

ㅇ

		약속을 파토 내다	77
		어깨동무하다	181
아까	107	어깨를 서로 맞대고	181
아니야	82	어느 정도는	117
아담한	89	어느 정도의	90
아무렇지도 않게	108	어느 틈엔가	35
아주 가끔	110	어두운 면을 보다	31
아직 건재하다	46	어땠어	99
아직 살아 있네	46	어떤 의미에서는	118
악연	138	어떻게 느낄지 모르겠지만	53
악착 같은	79	어떻게 보면	119
안 풀리는 날	81	어떻게 생각할지 모르지만	53
안다	85	어린이 입맛	137
안달 나다	91	어색하다	142
안달하다	60	어제 아침부로	124
앉다	95	어쩌다 보니	120
알고 보니깐	111	어쩌다 보니 그렇게 됐어	120
알딸딸한	40	어쩔 수 없지	76
알통	72	어쩔 줄 모르다	67
앞가림하다	101	언제부터인가	121
앞뒤가 안 맞아	80	얼굴값	116
앞뒤로	112	얼굴에 화색이 돌다	163
앞으로 며칠간	113	얼룩	162
앞으로 몇 달간	113	엉엉 울다	88
앞으로 몇 주간	113	에 있어서는	81
앞으로 수년간	113	여기까지 합시다	81
애매하다	91	여담으로	20
애석하게도	114	여러 겹	48
애인	29	여러모로	122
애정 결핍	44	여유롭게 살다	118
애정의 징표로서	115	여자애 같은	157
애초에	116	여행을 떠나다	45
애초에	163	역대급인	22
야한	33	역마살이 끼다	60

엮이다	31	운동하러 가다	45
연 단위로	147	울다	88
연비가 좋은	148	울컥하다	88
열 번 찍어 안 넘어가는 나무 없다	145	원만하게 해결하다	142
열등감	61	원칙적으로	129
열띤	140	월요병	81
열세야	181	위기감	61
열심히 공부하다	45	위로하다	74
열창하다	86	유종의 미	145
염색	162	은근슬쩍	130
영원히	84	은근히 자랑하다	139
옆모습	127	의식	86
예비 신부	67	의외로	131
예쁘장한	157	이 시간부터	124
예외 없이	89	이 시기에	142
옛 맛	130	이따금	110
옛날에	123	이런 말 해서 미안한데	132
오기	137	이론적으로	133
오기로 들릴지 모르겠지만	32	이른바	144
오늘 중에	125	이를 악물고 하다	101
오늘부로	124	이름값	116
오늘은 여기까지 합시다	81	이번 연도만	152
오해받다	69	이상도 이하도 아니야	110
오후 중에	125	이상하게 들릴지 모르겠지만	32
옮다	180	이성을 잃다	66
완전히	84	이제 와 생각해 보니	155
완화하다	142	이주 단위로	147
왔다 갔다 하는	126	인 것도 아니다	62
외통수	120	인 것도 아니다	82
외할머니	135	인가 뭔가	134
요구하다	104	인명 피해	117
요즘 같은 시대에서	127	인사 청문회	151
우리 통치자	81	일 년 중 이맘때면	142
우선	128	일 년에 걸쳐	135
우세하다	181	일방적으로	136
우월감	61	일을 대충하다	47
우위를 점하다	115	입가심으로	137

입김을 불다	119
입김이 나오다	119
입김이 세다	119
입맛	137
입소문 나다	64
입소문 나다	69
입에 풀칠하다	118
입을 다물다	167
입을 딱 벌리게 만드는	86
입장은 단호해	60
있어서는	81

ㅈ

자괴감	61
자나 깨나	138
자랑하려는 건 아닌데	139
자발적으로	140
자수성가한 사람	118
자존감	61
자주 연락해	58
자질구레한 것들	177
자체만으로	141
작년 이맘때쯤	142
작은	89
잠을 푹 자다	171
잠이 덜 깬	26
잠자리에 들다	45
잠재의식	86
잡동사니	177
잡생각하다	59
재기하다	60
재기하다	71
재수 없는 날	81
재워 주다	41
잽싸게 만들다	126
저녁 약속을 파토 냈어	77

전까지만 해도	98
전념하다	160
전반적으로	143
전성기	178
전염되다	180
전해진 바에 의하면	144
전화를 끊어 버리다	155
정 그렇다면	41
정 안되면	145
정각에	146
정겹다	44
정기적으로	147
정도까지	178
정들다	44
정떨어지다	44
정말 깬다	32
정신 차려	55
정신연령	139
정주행하다	21
정확히	148
젖은	174
제 관점에서	44
제정신이 아니다	66
조금이라도	149
조르다	28
조만간	150
좋게	151
좋게 말해서	152
좋든 싫든	153
주 단위로	147
주눅 들다	60
주도권	115
주운 사람이 임자지	107
줄다리기	151
줄에 매고	154
줄에 매어 두다	154
중학교 때	123

지겨워 죽을 지경이야	166
지나고 나서 보니	155
지난 몇 년 동안	156
지난 일이야	92
지망생	66
지옥철	106
직격탄을 날리다	179
직격탄을 맞다	179
직계가족	135
직전인	64
직접적으로	157
진도 나가다	138
진부한	87
진상을 규명하다	31
진심으로	158
진행 중인	159
집착이 심하다	44
징검다리 연휴	81
짜증 나 죽겠어	166
짜증 나는 행동	103
짠하다	88
짧고 간결하게 하다	173
쩐다	176
쫄다	60
찌는 듯이 더운	111
찌질이	169

ㅊ

차 한잔하다	112
차례차례로	160
참고로	161
창피해 죽겠어	166
처음부터	162
처음부터 끝까지	167
처음에는	163
처음으로	163

처음이야	163
처진 가슴	70
천생연분이야	138
철판 깔다	17
초기 투자금	64
초딩 입맛	137
촉촉한	37
총대를 매다	115
추위를 타다	131
춘곤증	93
출발하다	45
취한	40
치석	94
친구 사이야	149
친하게 지내다	58
친할머니	135
칠칠맞아	121

ㅋ

칼자루를 쥐고 있다	115
코드가 잘 맞다	143
쿨한 척하다	150
크게 신세 지다	71

ㅌ

탄탄한 몸매	73
탈수 현상	49
털썩 앉다	95
털어놓다	83
털어서 먼지 안 나는 사람 없어	105
토실한	73
토해 내다	134
통통한 몸매	73
퉁치자	81
튀다	33

팅기다	150
티 안 나는데	162
티나니	162
티를 내다	162

ㅍ

파토 내다	77
퍼진 엉덩이	70
퍽도 그렇겠다	172
폐가 안 된다면	106
폐인	170
포상 휴가	65
포옹하다	85
폭식하다	21
폭신폭신한	37
폭음하다	21
푸르스름한	157
피바람	31
피해 의식	86
필요 이상으로	164
필요하다면	165

ㅎ

하고많은 사람 중에서	166
하나부터 열까지	167
하는 건 아니지만	168
하는 김에	25
하루 동안 걸쳐서	135
하지 않을까 하고	169
하필 이런 때에	170
한 모금 마시다	140
한 번에 하나씩	174
한 번에 한 사람씩	174
한 입 먹다	140
한겨울에	171
한때는	172
한량아	169
한마디로 말해서	173
한잔하다	112
한적한 곳에서	175
할 수만 있다면 ~할 텐데	177
할 정도까지	178
할까 봐	176
함부로 대하다	30
해 보니깐 어때	99
해가 서쪽에서 뜬다	34
해마다 이맘때면	142
해서 그런 거야	179
해서가 아니야	82
행동없이 말만 하다	27
행동으로 옮기다	27
허를 찌르다	96
허리 군살	70
허사가 되어	180
허사로	180
허탈감	61
헛되이	180
헛된 노력	159
헛수고	159
헛짓거리	159
현 시간부로	124
협력하여	181
호기심에	94
호흡이 척척 맞다	171
혹독한 고용자	164
홀딱 넘어가다	36
화나서 어쩔 줄 모르다	67
화색이 돌다	163
화창한	111
화풀이하다	94
회의감	61
효과 직방이야	171

효력이 너무 좋다	171
후끈 달아오른	140
후포풍	31
훤히 알다	18
흐린	111
흐지부지 끝나다	165
흥분돼서 어쩔 줄 모르다	67
흥청망청 쇼핑하다	21
희끄무레한	157
힘든	79
힘을 모아	181
힘이 들어가다	166